AF648673

Der Lechweg

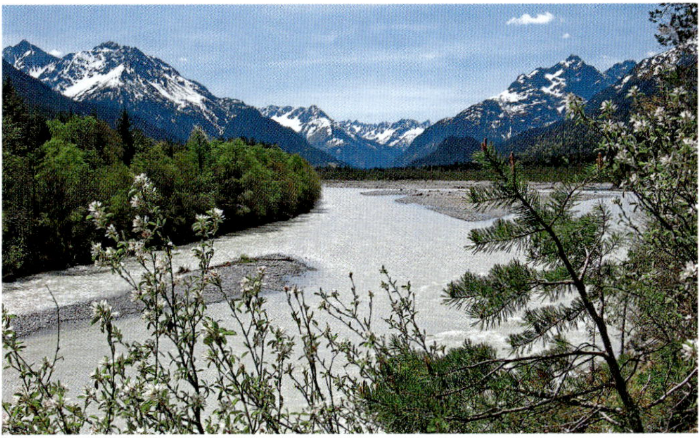

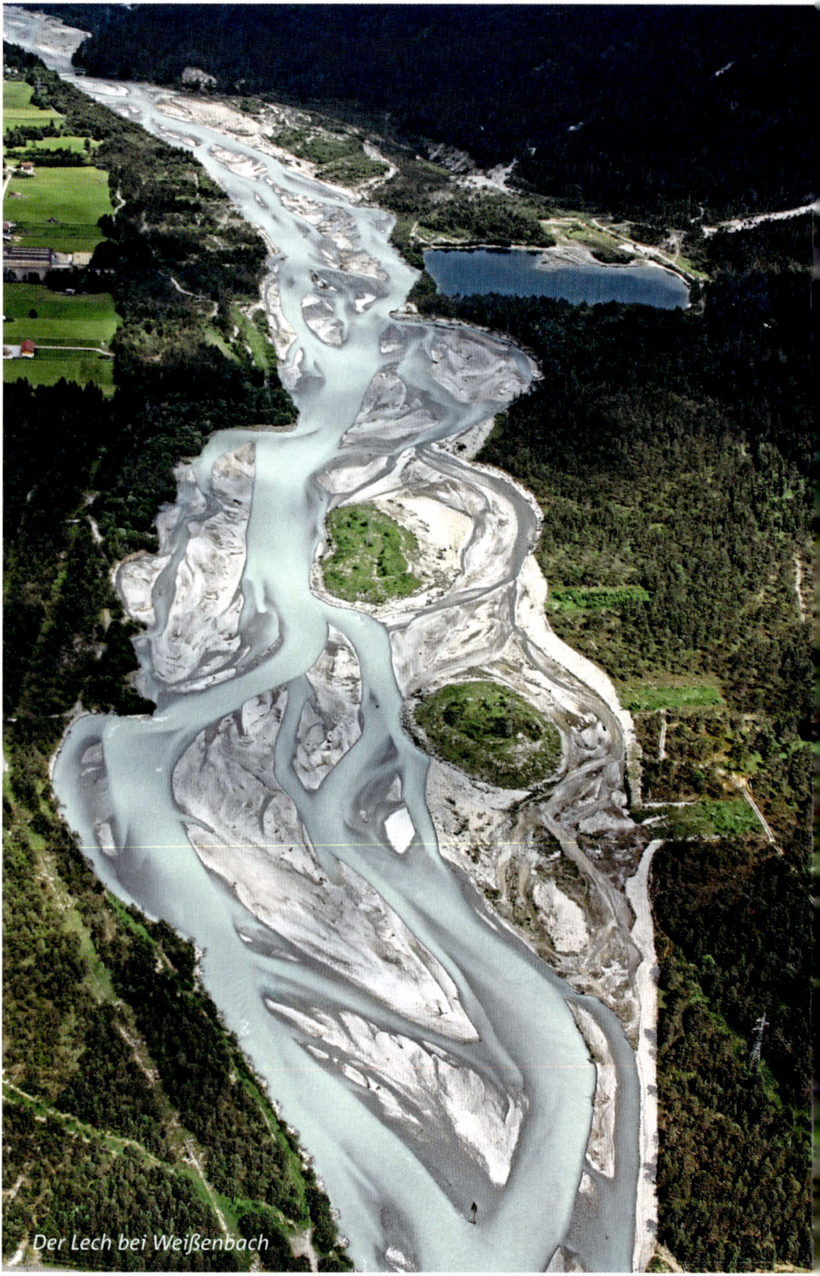

Der Lech bei Weißenbach

Christel Blankenstein

Der Lechweg

Von der Quelle bis nach Füssen

In 8 Etappen durch eine der letzten Wildflusslandschaften Europas

BERG & TAL

Inhaltsverzeichnis

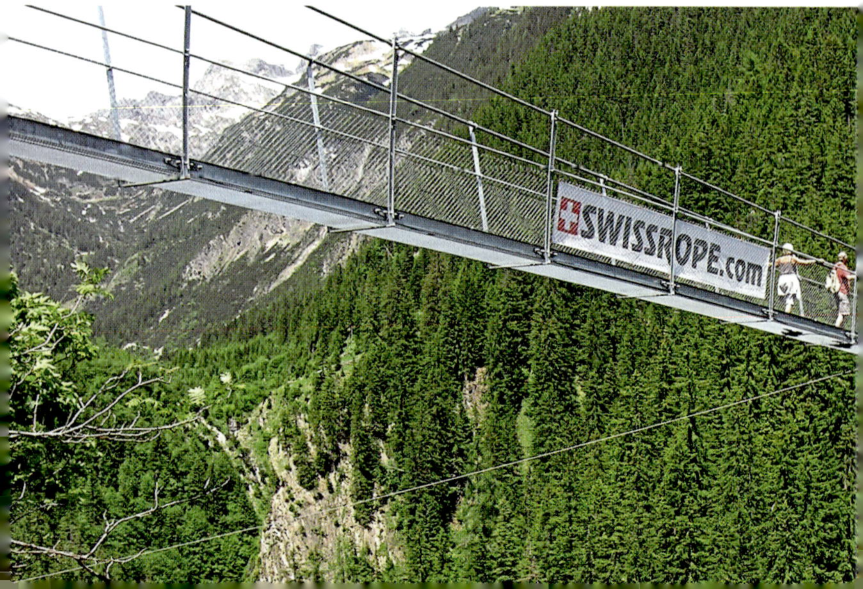

Die Hängebrücke bei Holzgau.

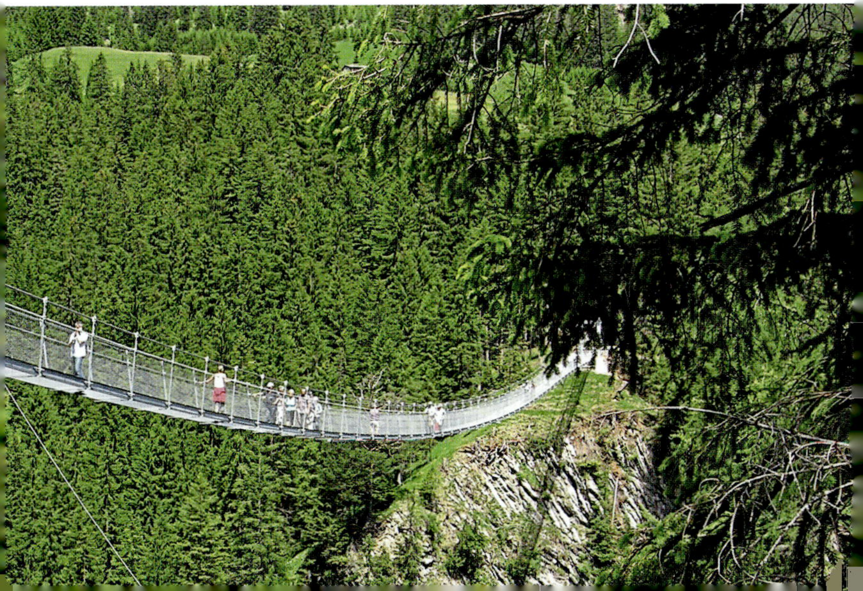

Der Lechweg

Die erste Idee, einen Fernwanderweg am Ursprung des Lechs beginnen zu lassen, stammt von Hubert Schwärzler, dem langjährigen Tourismusdirektor von Lech am Arlberg. Dreizehn Jahre hat es dann gedauert, diesen Weg von der Quelle durchs Lechtal zu legen und grenzüberschreitend bis nach Füssen zu führen. Am 15. Juni 2012 war es endlich soweit: Mit der Einweihung der neuen Fußgängerhängebrücke bei Holzgau wurde auch der Lechweg offiziell eröffnet. Vom Quellgebiet des Flusses am Formarinsee bis zum Lechfall bei Füssen erschließt er nun auf rund 125 Kilometern Länge die herrliche Gebirgsregion der Allgäuer und Lechtaler Alpen sowie eine der letzten Wildflusslandschaften Europas, von der die Bevölkerung sagt: Der größte Grundbesitzer im Tal ist der Lech. Zwei Etappen verlaufen in Vorarlberg, die übrigen in Tirol, und erst am letzten Tag geht es durchs deutsche Ostallgäu mit seinen Seen und Bilderbuchansichten der Königsschlösser zum Endpunkt am Lechfall.

Aufbauend auf dem Qualitätslabel »Wanderbares Deutschland«, das primär auf Mittelgebirge ausgelegt ist, mussten dessen Kriterien adaptiert werden, um sie auch in anderen Landschaften in ganz Europa anwenden zu können. Der Lechweg hat nunmehr die Anforderungen der Europäischen Wandervereinigung (EWV) erfüllt und gilt als erster europäischer »Leading Quality Trail«. Zu den Vorgaben zählen ein abwechslungsreicher Verlauf, wenig Asphalt und Straßenbegleitung sowie eine nutzerfreundliche Markierung.

Anhand der Abschnittsangaben bei den Gehzeiten in Verbindung mit dem Übernachtungsverzeichnis kann sich jeder die Länge einer Tagesetappe selbst einteilen. Dort sind vorrangig die Häuser genannt, welche auf wanderfreundliche Kriterien geprüft sind. Eine komplette Listung aller Vermieter war aus Platzgründen nicht möglich, hier helfen die zuständigen Tourismus-Informationen weiter, deren Kontaktdaten ebenfalls im Kapitel Übernachten bei den Streckenabschnitten zu finden sind. Haben die Betriebe Ruhetag, sind sie jedoch in der Regel für Nächtigungsgäste offen. Bei Start in Füssen ist das Übernachtungsverzeichnis von unten nach oben zu lesen. Aufgrund der guten

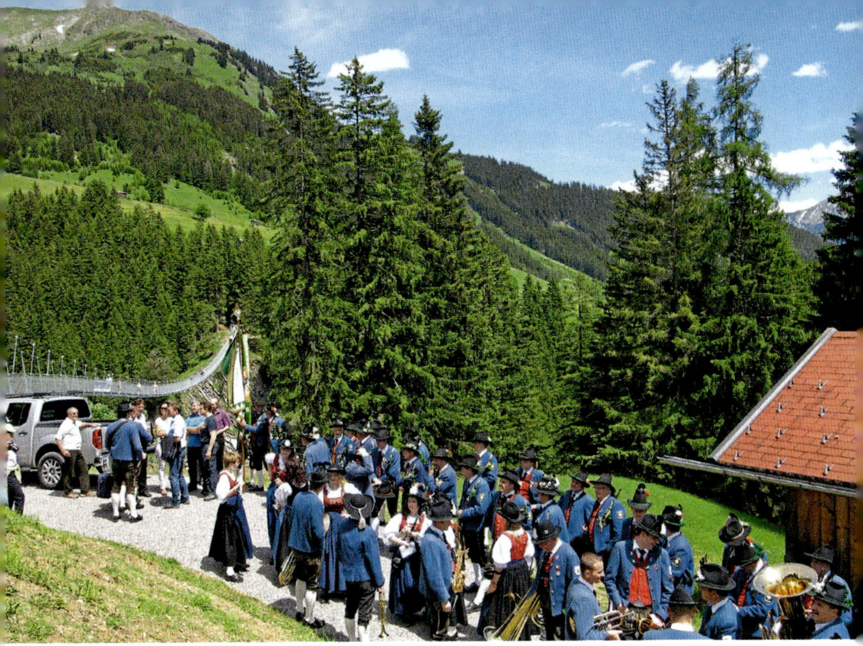

Musikkapelle und Schützenverein umrahmten die offizielle Einweihung der Hängebrücke und des Lechwegs.

Busverbindungen kann man den Lechweg auch sehr gut in Einzelabschnitten von einem Standquartier aus begehen. Haltestellen gibt es in allen Orten, diejenigen welche der Lechweg direkt tangiert, sind bei der Wegbeschreibung genannt. Allgemeine Informationen zum Lechweg gibt es im Internet unter www.lechweg.com.

Richtung/Extra-Tipps

Es ist schwer zu sagen, ob man den Weg am Formarinsee oder am Lechfall beginnen sollte, denn jede Version hat ihren Reiz. Eines vorweg: Bergauf und bergab geht es in jeder Richtung. Allerdings sind auf dem Weg »Von der Quelle bis zum Fall« die Anstiege in der Regel etwas geringer. Die Höhenprofile sagen mehr darüber aus. Ein Teil des Höhenunterschiedes wird bereits auf den eher als flach empfundenen Abschnitten im Tal bewältigt, das beständig abfällt und dem Fluss auch seine Schnelligkeit verleiht.

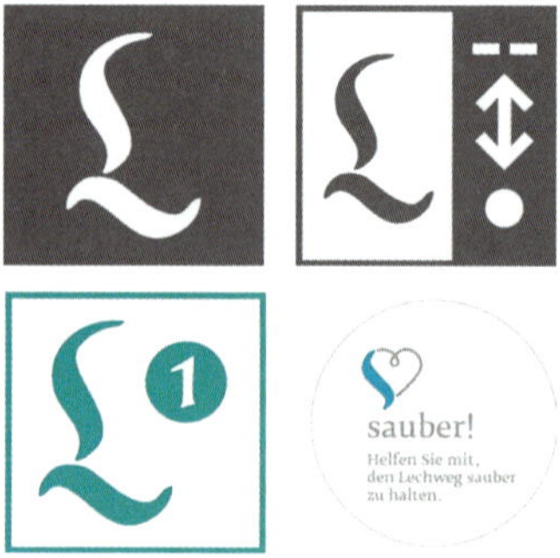

Markierungen

Eine Entscheidungshilfe könnten folgende Kriterien sein: Wer leichter bergab geht und auch auf längeren Abstiegen keine Knieprobleme hat, sollte am Formarinsee beginnen. Allen, die lieber ins Gebirge hinein laufen, ein paar Anstiegsmeter mehr sportlich nehmen und mit dem Formarinsee im Lechquellengebirge den Kulminationspunkt setzen möchten, sei der Start in Füssen empfohlen. Diese Richtung bietet auch den Vorteil, dass sich das Landschaftsbild ständig steigert und man sehr oft den schöneren Blick in die Berge hat, während sich das Lechtal im unteren Abschnitt immer mehr weitet.

Wollen Sie sich mal einen Tag länger in der Region aufhalten und mehr von dieser einzigartigen Gegend kennen lernen, finden Sie bei den Tourabschnitten unter »Sehenswert, wissenswert« auch Vorschläge für Extra-Ausflüge mit kleinen Wanderungen, vor allem in die Seitentäler des Lechtals, die von besonderer Schönheit sind.

Ferner gibt es zwischenzeitlich acht markierte Lechwegschleifen, die als Tageswanderung machbar und im Buch den Ausgangsorten zugeordnet sind. Streckenbeschreibungen und Karten stehen im auch Internet unter www.lechweg.com .

Markierung/Jahreszeit

Der Lechweg ist in beiden Richtungen mit dem geschwungenen weißen »L« markiert. Das zweite Piktogramm ist an den Zubringerwegen zu finden, Piktogramm 3 an den nummerierten Lechwegschleifen. Der Aufkleber mit dem Herz signalisiert, dass Sie hier – meist kostenlos und ohne einzukehren oder Kunde zu sein – die Toilette benutzen dürfen. Ebenso soll er daran erinnern, keinen Müll in der Natur zu hinterlassen.

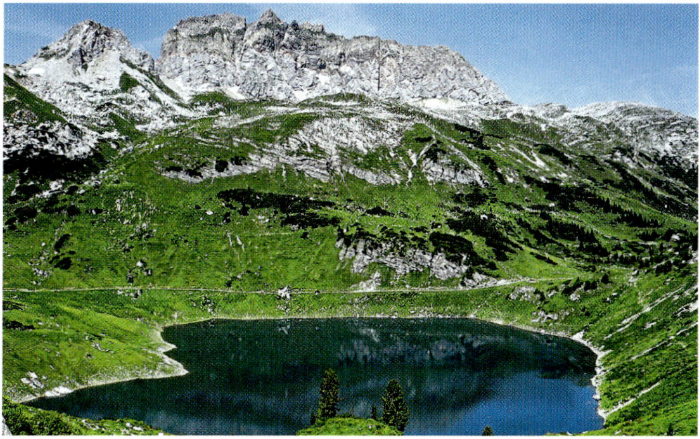

Von der Freiburger Hütte schaut man auf den Formarinsee. Er liegt in einem Kessel vor der Roten Wand.

Trotz der häufigen Markierungen enthält das Buch genaue Wegbeschreibungen in beide Richtungen, die immer wieder gute Dienste leisten werden. Daneben finden Sie ein paar eigene Varianten, die durchs strenge Raster des europäischen Qualitätsweges gefallen, jedoch lohnenswert oder praktisch sind. Sie sind nicht mit dem »L« markiert, aber beschrieben. Falls Teilstücke des Hauptweges vorübergehend nicht begehbar sind, werden Umleitungen ausgeschildert. Wer in Füssen startet, sollte auch die Abschnitte der Hauptrichtung durchlesen, um einiges mehr zu erfahren, die Gegenrichtung beschränkt sich mehr oder weniger auf den reinen Wegverlauf.

Der gesamte Weg ist in der Regel und je nach Schneelage nur zwischen Mitte/Ende Juni und Anfang Oktober begehbar. Außerdem kann es vorkommen, dass im Gebiet Lech/Warth bei einem Kälteeinbruch selbst im Sommer Schnee fallen kann, der jedoch selten länger liegen bleibt. In diesem Bereich haben auch viele Gastgeber nach dem langen Winter, der am Arlberg oft bis Ende April dauert, noch Betriebsruhe und öffnen erst wieder zur Wandersaison. Ausschlaggebend ist der Saisonstart in Lech in der zweiten Junihälfte.

Zwischen Steeg und Füssen kann man je nach Wetter auch von Mai bis Anfang November wandern, doch sind auch hier bis etwa Mitte Mai oder Christi Himmelfahrt noch einige Häuser geschlossen. Sehr schön ist die Natur bereits im Mai, wenn die Berge noch »Gipfelweiß« tragen und im Tal die Wiesen in einer Pracht und Vielfalt blühen, wie man das kaum noch anderswo findet. Auch die Wasserfälle beeindrucken dann besonders, da sie durch die Schneeschmelze reichlich Wasser führen. Der Spätherbst bringt oft milde, sonnige und beständige Tage, eine Zeit, in der sich die Natur in einem wahren Farbenrausch ergeht. Allerdings haben dann einige Gastgeber und Gaststätten bereits wieder Betriebsurlaub. Sorgfältige Planung in der Vor- und Nachsaison ist also nötig.

Schwierigkeit/Wanderinfos

Sie bewegen sich auf überwiegend leichten Wegen, nur ein paar kurze, aber in der Regel ungefährliche Teilstücke sind als mittelschwer einzustufen. Insgesamt ist der Weg auch für Wanderanfänger und trainierte Senioren geeignet, für die – besonders bei Strecken mit mehr Höhenunterschieden – kürzere Abschnitte zu empfehlen sind. Starke Wanderer können den Lechweg auch in sechs Etappen bewältigen. Hinweise zur Mitnahme von Hunden finden Sie im Service-Teil.

Richtungsänderungen in der Wegbeschreibung sind immer aus der ankommenden Richtung zu verstehen. Zeit- und Kilometerangaben sind gerundet, Grundlage ist eine durchschnittliche Gehzeit von 4 km pro Stunde mit entsprechenden Zugaben bei längeren oder stärkeren Steigungen. Diese können je nach persönlicher Leistungsfähigkeit länger oder kürzer ausfallen. Selbst hinzurechnen müssen Sie noch die Wege zu den jeweiligen Nachtquartieren, was manchmal – je nach Lage des Hauses – auch noch einige Zeit in Anspruch nehmen kann.

Unter der Rubrik Einkehrmöglichkeiten im Info-Block sind nur Häuser genannt, die direkt oder nahe am Weg liegen. Öffnungszeiten und Ruhetage können in Abweichung zu den angegebenen je nach Jahreszeit unterschiedlich sein oder von Seiten der Wirte wechseln. Ist diesbezüglich nichts erwähnt, haben die Häuser täglich geöffnet, ebenso wenn der Ruhetag auf einen Feiertag fällt. In den Orten findet man meistens einen oder mehrere Gasthöfe, doch sollte man stets Getränke und zumindest Notverpflegung im Rucksack haben.

Zum Schwimmen ist der Lech aufgrund seiner Wassertemperatur (in der Regel unter 10 °C) sowie der starken, leicht zu unterschätzenden Strömung nicht geeignet. Wer es dennoch wagt, läuft Gefahr, vom »Bluatschink«, einem Dämon, der im Lech hausen soll, verschlungen zu werden. Nutzen Sie also besser die Freibäder oder genießen Sie einfach nur das unbeschwerte Wandern in großartiger Natur sowie die Aufgeschlossenheit und Freundlichkeit der Lechtalbewohner. Viele schöne Erlebnisse in dieser einmaligen Landschaft werden bleibende Eindrücke hinterlassen und Ihre Wandertage unvergesslich machen.

Der Lech und sein Tal

Gewaltige Gletscher formten vor allem in der Würmeiszeit vor 110.000 bis 10.000 Jahren das heutige Lechtal bis hinaus ins Voralpenland. Der ständige Eisfluss hobelte u-förmige Trogtäler ins Gestein, die der Lech nach dem Abschmelzen des Eises mit Schotter auffüllte, so dass das Tal eingeebnet wurde. Auch die Seitentäler, bei denen die U-Form oft noch besser erkennbar ist, sind durch Gletscherschliff entstanden. Hier staute sich der Eisfluss vor dem Hauptgletscher, und auch durch ihre geringere Masse arbeiteten diese Gletscher nicht so stark in die Tiefe, so dass über dem Lechtal so genannte Hängetäler entstanden, aus denen sich die Eisströme über eine Steilstufe mit dem Lechgletscher vereinigten und die nachglazialen Bäche bis heute ihren Weg durch Schluchten oder über Wasserfälle ins Haupttal nehmen.

Der frühere Rand des Lechgletschers ist an den anfangs steilen Auffahrten oder Zugängen in die meisten der Seitentäler noch heute abzulesen. Ebenso lassen eher sanft geformte Felsen und Hügel den Gletscherschliff erkennen, aus denen abrupt schroffe Gipfel aufragen, die auch früher eisfrei waren. Besonders markant zeigt sich dieses Landschaftsbild bei der Roten Wand über dem Formarinsee im Lechquellengebiet. Viele Bäche und Rinnsale dieser Gegend tragen zur

Entstehung des Lechs bei. Zwei größere, der Formarinbach und der Spullerbach, bilden nach ihrem Zusammenfluss nahe dem Unteren Älpele (1562 m) für Kartografen den eigentlichen Lech. Es ist jedoch Usus geworden, den sich in der Senke unter der Formarinalpe bildenden Formarinbach bereits als Lech zu bezeichnen. Doch auch hier lässt sich keine genaue Quelle finden. Vielmehr gibt es ein ganzes Quellgebiet, in dem das Wasser aus unterirdischen Kluften und schwachen Karstquellen zu Tage tritt und zusammen mit den wasserführenden Rinnen der Berghänge den Formarinbach beziehungsweise den Lech immer kräftiger Gestalt annehmen lässt. Bis hinab nach Steeg im Oberen Lechtal weist der Lech mit rund 500 Höhenmetern sein größtes Gefälle auf. Bis Füssen beträgt der Höhenunterschied dann nur noch rund 300 Meter, bis zur Mündung bei Marxheim (östlich von Donauwörth) in die Donau weitere 400 Meter.

Auf seinem nach Angaben des Bayerischen Wasserwirtschaftsamtes 256 Kilometer langen Lauf nimmt der Lech nur wenige größere Zuflüsse auf: bei Weißenbach den Rotlech, bei Pflach den Archbach (Plansee-Ache), bei Füssen die Vils, im Alpenvorland bei Halblech den Halblech und in Augsburg die Wertach. Die Länge der Wildflusslandschaft in Tirol erstreckt sich über 62 km Fließstrecke, die größte Breite beträgt rund 350 Meter. Die Türkis- bis Smaragdfarbe des Lechwassers rührt von dem hohen Kalkanteil (hauptsächlich Magnesiumcarbonat) her, seine durchsichtige Klarheit und Reinheit hängt mit den niedrigen Jahresmitteltemperaturen zusammen, die wenig planktonartiges Leben ermöglichen. Zur Zeit der Schneeschmelze wirkt das Wasser eher gipsartig, da der Lech die von den Seitenbächen eingetragenen Schotter und Sedimente weiter schleppt. Auf diesen strömungsintensiven Transporten werden die Steine sozusagen geschliffen, und es entstehen die schönen runden Lechkiesel, die durch ihre Farbigkeit und Gesteinsadern bezaubern.

Vor Füssen versperrte der quer liegende Falkensteinrücken dem Gletscherschmelzwasser den Abfluss ins flache Land, so dass sich im Bereich der Vils und des Lechs der Pfrontener See bildete. Mit der Zeit gruben sich die Wassermassen einen Durchbruch und schufen direkt bei Füssen die imposante Lechschlucht mit dem Lechfall. Bis dahin

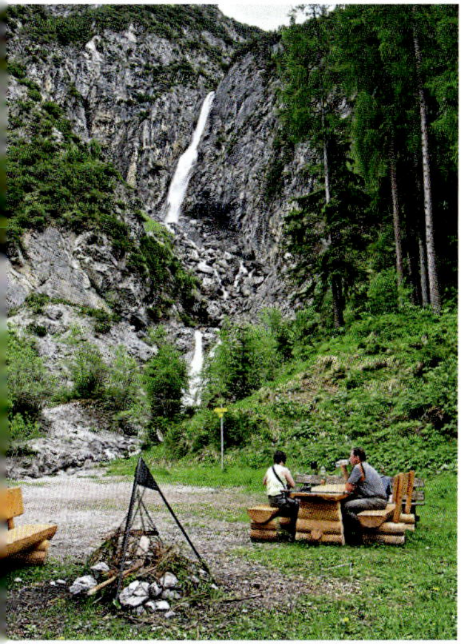

Entlang des Lechwegs gibt es Rast- und Grillplätze.

stürzte das Wasser etwa 100 Meter über die Felsen in den damals noch vorhandenen Füssener See. Dieser wurde mit der Zeit nach Norden entwässert, der Lech transportierte sein Geschiebe stark mäandernd durchs Hügelland und über das ebene Lechfeld bis in die Donau.

Erst mit dem Bau eines Staudamms bei Roßhaupten (1950–54) entstand erneut ein See, der 12 km lange und bis zu 3 km breite Forggensee. Er dient als Kopfspeicher für die flussabwärts liegenden Wasserkraftwerke und leistet neben der Energiegewinnung einen wirksamen Hochwasserschutz, indem er die Schneeschmelze im Hochgebirge und stärkere Regenfälle auffängt. Danach folgte die Verwandlung des Lechs in eine Kette von Stauseen, die allein zwischen Füssen und Augsburg 20 Staustufen hervorbrachte. Fünf weitere sind geplant, von denen jedoch aus Naturschutzgründen wohl nicht mehr alle realisiert werden dürften. Somit ist der Lech einer der am stärksten verbauten Gebirgsflüsse überhaupt, umso wichtiger ist daher der Erhalt der Wildflusslandschaft in seinem Oberlauf.

Naturpark Tiroler Lech

Einen entscheidenden Beitrag, das Tiroler Lechtal nicht zur Energiegewinnung zu nutzen, leistete die Einrichtung von Schutzgebieten. So gehört der Tiroler Lech seit dem Jahr 2000 zum europäischen Netzwerk »Natura 2000«. Im Jahr 2004 verlieh das Land Tirol »seinem« Lechtal einschließlich der meisten Seitentäler den Status eines Naturschutzgebietes mit dem Prädikat »Naturpark«. Die Zuläufe dürfen weiterhin ihr Geröll in den Lech transportieren, welches der Fluss durch unterschiedliche Wasserstände und Fließgeschwindigkeiten ständig umlagert und damit Lebensräume für sehr selten gewordene Tiere und Pflanzen schafft, die auf Schotterbänke und Auwaldbereiche angewiesen sind. Wird die Geschiebeführung aus den Seitentälern unterbrochen, gräbt sich der Lech ein, und die Wildflusslandschaft geht verloren. Ständig wiederkehrende Überflutungen und Gesteinsumlagerungen sind unabdingbar nötig, um die Kies- und Geröllbänke von Bewuchs offen zu halten und somit diesen ganz besonderen Lebensraum zu gestalten. Zu den artenreichsten Regionen in ganz Mitteleuropa gehört die Wildflussstrecke hinter Häselgehr bis zur Verengung unterhalb von Rieden, die ab Stanzach in der Tat den größten Teil des Talbodens einnimmt.

Flora und Fauna

Auf der rund 41 Quadratkilometer umfassenden Naturparkfläche sind 1116 Pflanzenarten (⅓ aller in Österreich vorhandenen) nachgewiesen, 392 davon sind als stark gefährdet einzustufen. Von den 110 Vogelarten, die im Gebiet brüten, sind als wichtigste Flussregenpfeifer und Flussuferläufer zu nennen, deren Populationen die größten Bestände der Nordalpen bilden. Dem Schwarzspecht und dem Dreizehenspecht bietet der Naturpark ebenfalls ein Zuhause, und für den selten gewordenen Neuntöter ist bei Weißenbach am Moosberg eines der nur noch wenigen Brutreviere vorhanden. Auch zahlreiche Amphibien, darunter der in Tirol sehr rare Laubfrosch, haben hier ein Refugium gefunden, ebenso viele Insekten, bei denen die Gefleckte Schnarrschrecke als ganz seltene Art gilt. Sie braucht die vegetationsarmen Kiesbänke und Uferränder, die sie mit einem Schnarren überfliegt und dabei ihre weinrot gefärbten Hinterflügel zeigt. In den Fließrinnen sind Bachforelle, Koppe und die nur noch sehr selten im Lech und seinen Seitenbächen anzutreffende Äsche zu Hause, ebenso der Steinkrebs, der wohl sonst nirgendwo in Tirol noch natürlich lebt.

Sehr artenreich sind vor allem die Auenzonen, deren periodische Überflutungen größeren oder kleineren Ausmaßes eines der Charakteristika eines Wildflusssystems sind. Die Heidegebiete am äußersten

Rand des Flussaufbaus, in denen Frühlings- und Wiesenenzian blühen, sind eine Trockenau und gehen in die Schneeheide-Kiefernwälder über, die in der Regel ebenfalls trocken bleiben. In diesen lichten Wäldern folgt auf die rosafarbene Blüte der Schneeheide das Blau der Herzblättrigen Kugelblume. Später entfalten seltene Orchideen, wie die Fliegen-Ragwurz oder der Frauenschuh ihre Knospen. Es schließen sich die schon eher mal nassen Gebüschzonen an, mit Grauerlen und Weiden. Hier findet man die weißen Sterne der Silberwurz und das Alpenfettkraut, Aurikeln und das Alpen-Leinkraut. Bei Pflach wiederum gibt es Weichholzauen, die durch ihre direkte Lage am Flussufer häufiger überschwemmt werden und in denen Weiden und andere flach wurzelnde Weichhölzer vorherrschen.

Mehrmals im Jahr vom Hochwasser betroffen sind die Schwemmlingsfluren, die noch im Zentrum des Flussbetts liegen und ihren Namen von den aus den Hochlagen des Gebirges angelandeten Samen herleiten. Sie bieten vielen an diesen Lebensraum angepassten Arten, so genannten »Pionierpflanzen« wie zum Beispiel dem gelb blühen-

Dem seltenen Flussregenpfeifer bietet der Wildfluss im Naturpark Tiroler Lech eine Heimat.

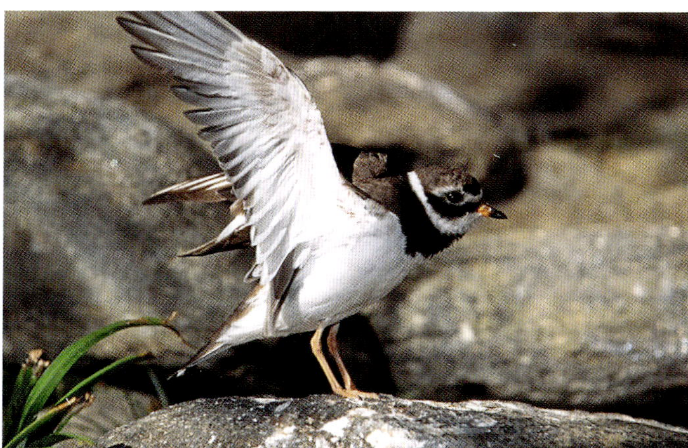

den Knorpelsalat, dem Blaugrünen Steinbrech oder dem Kriechenden Gipskraut eine Heimat, ebenso einigen Insekten, darunter der stark gefährdeten Kiesbankwolfsspinne. Ein besonderer Pionier ist die Deutsche Tamariske, die sich durch ihre starke Pfahlwurzel fest im Untergrund verankert und somit den Umschichtungen der Flussgeschiebe widerstehen kann. Als Brutgebiete der Flussregenpfeifer und Flussuferläufer sind diese Fluren äußerst schützenswert. Wird ein Gelege doch mal durch das Wasser weggespült, ermöglicht es die besondere Anpassung der Vögel an den Lebensraum Wildfluss ein zweites zu produzieren.

Daneben gibt es im Flussbett die Stillwässer, durch Schotter abgetrennte flache Wasserlöcher, in denen zum Beispiel der nur noch ganz selten anzutreffende Zwerg-Rohrkolben wächst. Man hat auch neue Gewässer im Uferbereich geschaffen, um den Kröten und Libellen bessere Lebensbedingungen zu ermöglichen. Eine besondere Bedeutung kommt den Brunnwässern zu, die aus Grundwasserquellen der Talsohle gespeist werden. Ihre gleichmäßige Strömung dient vielen Flussarten als Kinderstube und während der Hochwässer als Zufluchtsort.

Verhaltenskodex

All diese vielen Tier- und Pflanzenarten, von denen eine Reihe auf der Roten Liste stehen, sind ebenso schützenswert wie ihre Lebensräume. Daher ergehen an Lechweg-Wanderer und Besucher des Naturparks folgende Bitten:

- Bleiben Sie auf den markierten Wegen. Das dient Ihrer eigenen Sicherheit sowie dem Schutz der Vegetation und der Tierwelt. Flucht verbraucht viel Energie, die die Tiere in ihrem schwierigen Umfeld anderweitig benötigen. Nehmen Sie deshalb bitte auch Ihren Hund an die Leine.
- An Blumen und Pflanzen wollen sich auch andere erfreuen, außerdem sind sie Nahrungsquelle für die verschiedensten Tiere und Insekten. Also bitte nicht pflücken, abreißen oder ausgraben oder gar Tiere mitnehmen. All das ist bei den unter Naturschutz stehenden Arten sowieso verboten und unter Strafe gestellt.

☼ Von April bis Juli ist Brutzeit. Verzichten Sie in diesem Zeitraum auf das Betreten der Kiesbänke, damit vor allem die vom Aussterben bedrohten Flussvogelarten ihre Gelege nicht verlassen müssen und in Ruhe ihre Jungen groß ziehen können. Nehmen Sie stattdessen ein Fernglas zur Tierbeobachtung mit.

☼ Wanderer wollen die Natur genießen. Gönnen Sie daher auch anderen die Ruhe und vermeiden Sie jegliche Form von Lärm, auf den Tiere ebenfalls empfindlich reagieren können.

☼ Bitte zelten Sie nicht im Naturpark und machen Sie kein Feuer. Es gibt ausgewiesene Grillplätze entlang des Lechwegs. Selbstverständlich sollte man keinen Müll hinterlassen, sondern seinen Abfall wieder mitnehmen. Ein Plastikbeutel im Rucksack leistet hierzu gute Dienste.

☼ Nicht nur im Naturpark, sondern auf der gesamten Strecke werden Weidegebiete durchquert. Sofern keine festen Durchlässe vorhanden sind, bitte unbedingt die Zäune oder Gatter wieder schließen. Versprengtes Vieh zu suchen ist sehr aufwändig, außerdem können die Tiere abstürzen oder sich verletzen.

Lebensraum Lechtal

Schon die Kelten nannten den Lech »Licca« – den schnell fließenden – auch die Römer wichen mit ihrem »Licus« nicht davon ab. Eine Verbindung lässt sich auch zu dem kymrischen Wort »llech« für Steinplatte und zur bretonischen Bezeichnung »lec'h« für Grabstein herstellen, woraus sich die nahe liegende Bedeutung »der Steinige« ableiten lässt, was ebenso zutreffend ist wie »der Schnelle«. Zahlreiche Funde von Werkzeugen aus dem Mesolithikum, also der Mittleren Steinzeit (etwa 9600–5500 vor Christi), vor allem im Bereich des heutigen Forggensees bei Füssen belegen jedoch die wesentlich frühere Anwesenheit von Menschen in dieser Region, in der auch schon Sammler und Jäger der Altsteinzeit unterwegs waren. Im Oberen Lechtal sind bis auf einige bronzezeitliche Funde vorgeschichtliche Spuren kaum vorhanden. Selbst die Römer, deren Via Claudia über den Fernpass nach

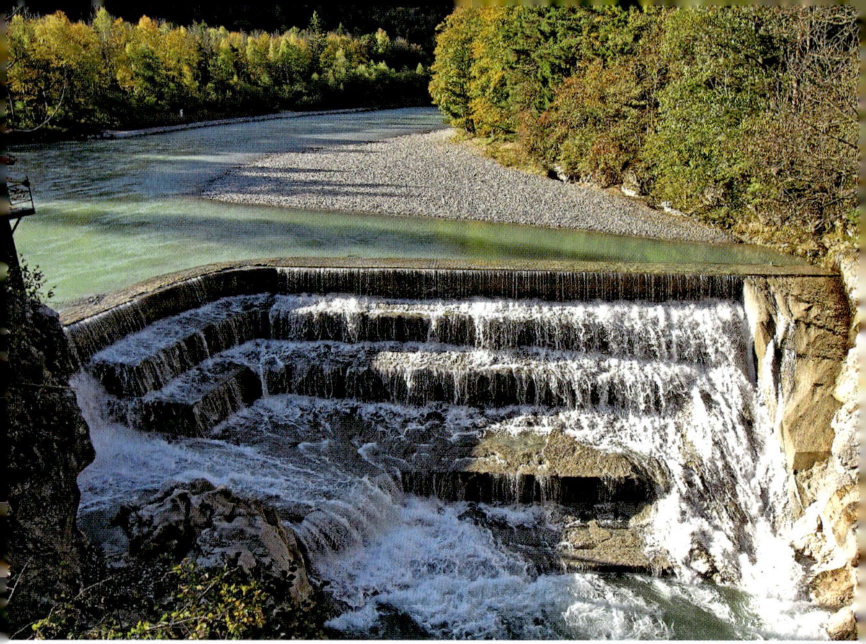

Im Spätherbst treten am Lechfall die Felsschwellen zu Tage, die den Fluss vor der Klamm bremsen.

Reutte, Füssen und durch den heutigen Forggensee weiter bis Augsburg führte, hinterließen kaum Zeugnisse ihrer Zeit. Erst ab dem Mittelalter wird die Siedlungsgeschichte offenkundiger.

Im 11. Jahrhundert kamen alemannische Viehzüchter wahrscheinlich über die Joche der Allgäuer Alpen in das Gebiet um Elbigenalp und errichteten erste Dauersiedlungen auf den hochwassersicheren Talflanken. Rätoromanische Ortsnamen wie zum Beispiel Bschlabs stellen die Verbindung zu südlichen Nachbarregionen her, aus denen schon lange vor der Dauerbesiedlung Hirten in die Seitentäler der Lechtaler Alpen auf die Sommerweiden zogen. Erst im 14. und 15. Jahrhundert gründeten bajuwarische Bauern hier einen ständigen Wohnsitz. Ins Vorarlberger Lechgebiet wanderten um 1300 erste Walser aus dem Schweizer Wallis über den Hochtannberg zu und errichteten am Tannberg sowie im bis dahin nicht besiedelten Bockbach- und Krabachtal vereinzelt Weiler und Gehöfte.

Arm und Reich

Im Lauf der Zeit verlagerte sich nicht zuletzt aufgrund des schwierigen Lebens in den Hochlagen das Siedlungsgeschehen immer mehr ins Haupttal, und gegen Ende des 16. Jahrhunderts war das Obere Lechtal, dessen landwirtschaftliche Flächen sich nicht erweitern ließen, bereits übervölkert. Die Bauern versuchten sich durch Heimarbeit über Wasser zu halten, fertigten Wollwaren, Bürsten oder Sensen und verkauften diese auf Fußmärschen in angrenzende Gebiete. Um die Wende zum 18. Jahrhundert war fast ein Fünftel der Bewohner im Ausland unterwegs, um das (Über-)Leben für die Familien zu verdienen.

Diese Notlage brachte auch die so genannten »Schwabenkinder« hervor, deren Wanderungen im 19. Jahrhundert ihren Höhepunkt erreichten. Sechs- bis vierzehnjährige Kinder aus armen Familien mussten bis ins benachbarte Oberschwaben gehen, wo sie einen Sommer lang – oft unter schlimmen Bedingungen – als Hirte oder Magd dienten. Begleitet wurden sie meist von einem älteren Mann oder Priester, der auf den Märkten die Preise für die Kinderarbeit aushandelte, die sich oft in Unterkunft und Verpflegung und etwas Kleidung erschöpften, aber zu Hause gab es einen Esser weniger.

Andererseits waren einige Lechtaler weit über die Landesgrenze hinaus gefragte Bauhandwerker und Stuckateure, wieder andere gründeten – bevorzugt in den Niederlanden – Handelsniederlassungen und wurden reich. Sie kehrten im Alter ins Lechtal zurück und machten weiterhin gute Geschäfte. Prächtige Häuser zeugen vor allem in Holzgau vom damaligen Reichtum ihrer Bewohner.

Holztrift und Flößerei

Ein blühendes Gewerbe war auch die Flößerei, der die Holztrift vorausging. Da es kaum Verbindungswege geschweige denn Straßen gab, nutzten die Menschen frühzeitig die Kraft der Gebirgsbäche und Flüsse als Transportmittel für Holz, wahrscheinlich schon viel länger, als historisch belegbar ist. Die Bäume wurden im Winter gefällt, in den Bach oder Fluss geworfen, und mit den Wassermassen der Schneeschmelze gingen die losen Stämme auf ihre Reise. Der Lech führte so viel Wasser, dass die Trift fast das ganze Jahr über möglich war.

Mit Sicherheit nutzten ihn bereits die Römer als Transportweg, denn anders wäre nicht erklärbar, wie sie das Baumaterial für ihre Provinzhauptstadt »Augusta vindelicum« (Augsburg) sowie die ungeheuren Mengen an Brennholz herbeischafften, die zudem die Thermen und die Fußboden- und Wandheizungen der Privathäuser verschlangen. Zur Blütezeit der damaligen Freien Reichsstadt im 16. Jahrhundert wurden gewaltige Mengen an Holz von Tirol bis nach Augsburg getriftet, im Jahr 1568 allein 350.000 Stämme. Dieser hohe Holzeinschlag wirkte sich auch auf das Landschaftsbild im Oberen Lechtal aus, dessen Kahlflächen mit schnell wachsenden Fichten aufgeforstet wurden und die noch heute überwiegend an Stelle der früheren Bergmischwälder stehen.

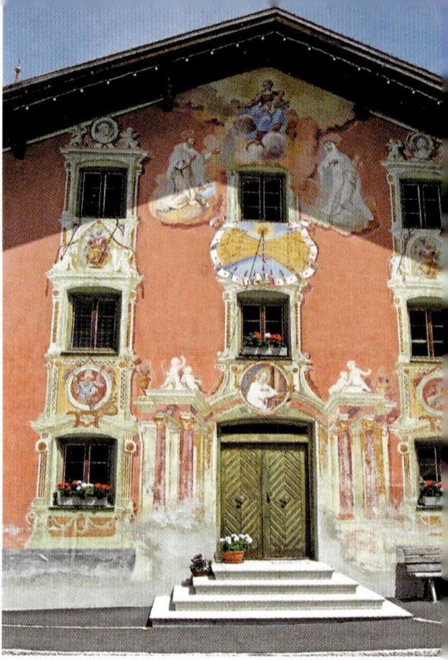

In Holzgau stehen einige Häuser mit schöner Lüftlmalerei.

Da neben dem Holzverlust das nahezu unkontrollierte Triften auch große Schäden in den Uferbereichen, an Brücken und Fischbruten anrichtete und Holzansammlungen immer wieder zu Überschwemmungen führten, ging man dazu über, die Stämme zu Flößen zu verbinden, die mutige Männer steuerten und deren Holz am Zielort verkauft wurde. Bald schon nahmen die Flößer auch Waren, Passagiere und Tiere mit, vor allem Transitgüter aus Venedig, Weine aus Südtirol und Rohstoffe aus dem Tiroler Außerfern, die über die Fernhandelswege nach Füssen kamen.

So war über Jahrhunderte die Flößerei ein angesehenes und blühendes, aber stets auch ein gefährliches Gewerbe. In der Hochzeit vom Anfang des 17. bis ins 19. Jahrhundert schwammen alljährlich zwischen 3000 und 4000 Flöße von Füssen aus den Lech hinab nach Augsburg, oft auch weiter auf der Donau bis nach Regensburg, Wien und

Budapest. Zum Ende des 19. Jahrhunderts begann der allgemeine Niedergang der Flößerei, als Eisenbahnen den schnelleren und leichteren Transport von Holz und Waren übernahmen. Speziell am Lech kam das Aus mit der Flussverbauung zu Beginn des 20. Jahrhunderts.

Wirtschaftlicher Aufschwung

Ebenfalls am Anfang des 20. Jahrhunderts wurde eine einspurige Fahrstraße ins Tiroler Lechtal gelegt, auf der erste Sommergäste anreisten, aber wirtschaftlich noch keine große Rolle spielten. Erst vor etwa 40 bis 50 Jahren entwickelte sich der Tourismus zu einer wichtigen Einnahmequelle und beschert hauptsächlich dem Gastgewerbe weiterhin gute Wachstumsraten. Daneben bieten Industrie, Handel und andere Betriebe vor allem im Reuttener Becken den Bewohnern ein gutes Auskommen.

Zurückgedrängt wird immer mehr die Landwirtschaft, die auf den kargen Böden schon immer einen schwierigen Stand hatte und durch den derzeitigen Flächenverbrauch stetig Grünland verliert. Das ist bedauerlich, da die Kulturlandschaft in den Alpen bäuerlich geprägt ist und landwirtschaftliche Betriebe allein schon aus diesem Grund unverzichtbar sind. Einen Beitrag zum Erhalt des Landschaftsbildes kann auch der Gast leisten, indem er Häuser bevorzugt, die die regionale Küche pflegen oder Produkte aus der Region anbieten. Ein Besuch und Einkauf zum Beispiel in der Käserei in Steeg oder im Bauernladen in Häselgehr wäre in diesem Zusammenhang ebenfalls empfehlenswert. Ferner gibt es in den Orten des Mittleren und Oberen Lechtals eine Reihe von Holzschnitzern und Holzbildhauern, deren Werke man erwerben kann. Die meisten haben wohl die Fachschule für Kunsthandwerk in Elbigenalp durchlaufen und sich selbständig gemacht.

Ein bedeutender Wirtschaftsfaktor ist der Wintersport, der im Tiroler Lechtal hauptsächlich die Skilangläufer anzieht. Ein kleineres Alpin-Skigebiet gibt es an der Jöchelspitze bei Bach, größere Ski-Arenen am Hahnenkamm bei Reutte und in Warth, ausgedehnte im renommierten Lech am Arlberg, dessen Skizirkus auch Zürs und neuerdings Warth mit einschließt. Bei Füssen finden sich Abfahrtspisten am Tegelberg und Buchberg und ebenfalls ein weitläufiges Loipennetz.

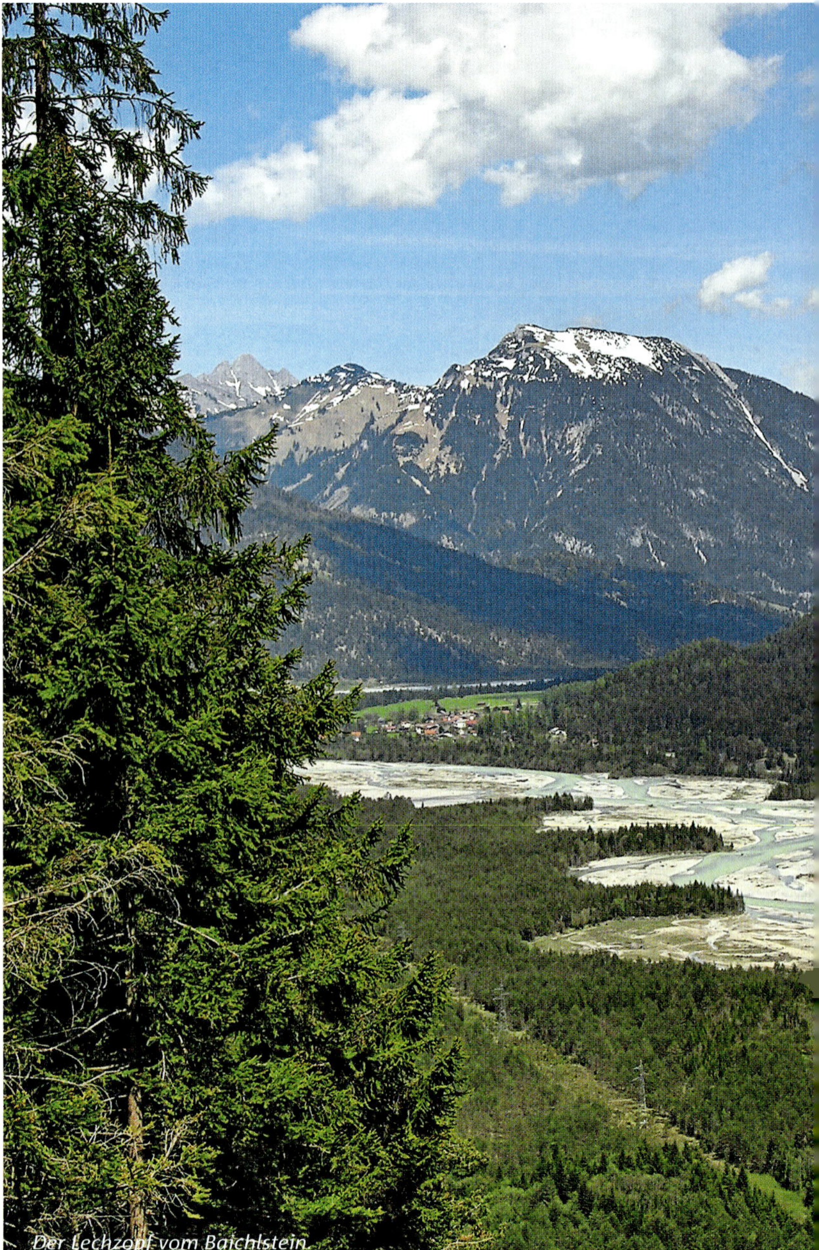

Der Lechzopf vom Baichlstein

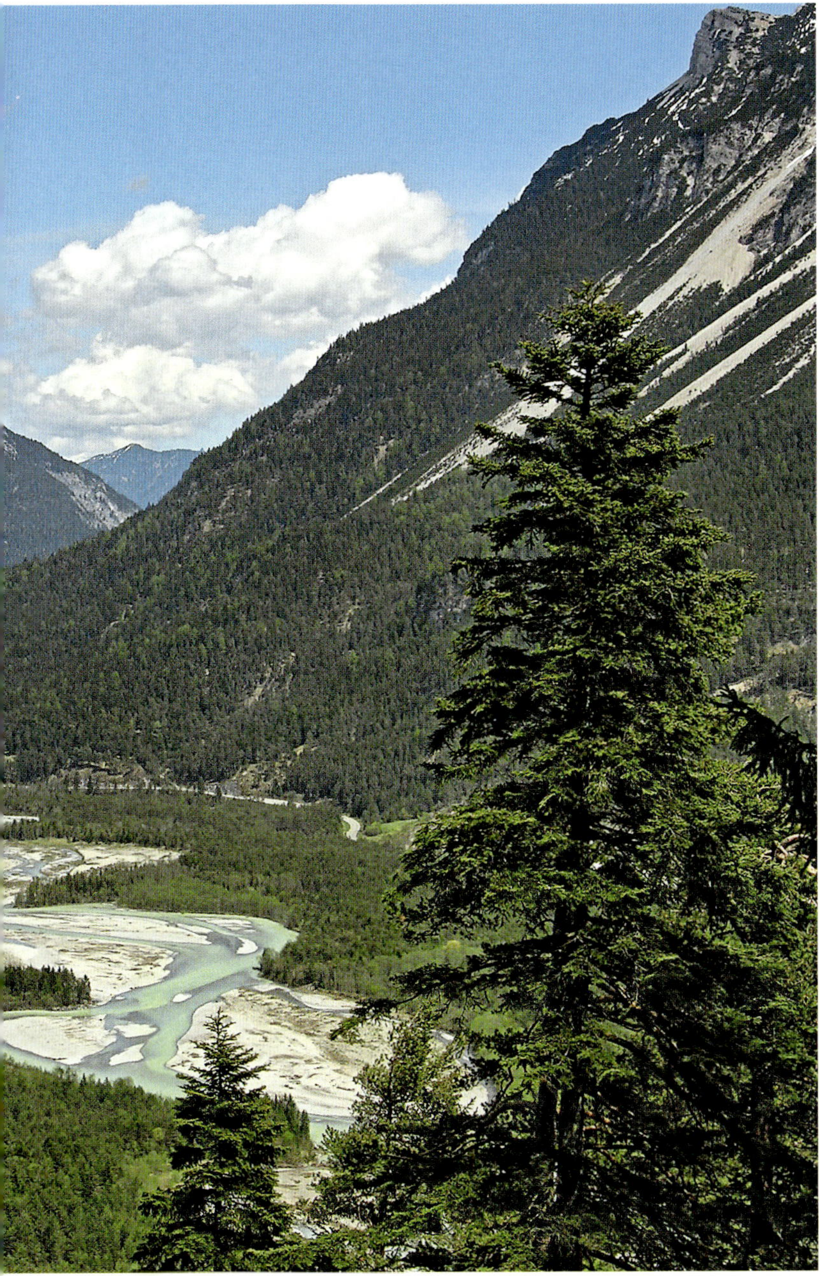

Vom Formarinsee nach Lech

Steinbockrevier, Quellgebiet und schönstes Alpendorf

Start Parkplatz (1793 m) nahe der Formarinalpe.
Gegenrichtung: Lech (1444 m), Rüfiplatz an der alten Holzbrücke gegenüber Hotel Gasthof »Post«.
Verkehrsanbindung Nur während der Gültigkeit des Sommerfahrplans. Bus 110, Haltestelle »Lech Rüfiplatz« (oder auch »Postamt«), weiter mit dem Ortsbus Lech Linie 7 zum Formarinsee.
Gegenrichtung: wie oben, vom Formarinsee mit Ortsbus zurück nach Lech (letzte Fahrt beachten). Zwischen Warth und Lech verkehren zusätzlich die Buslinie 40a und der Ortsbus Lech Linie 3 (gleiche Haltestellen).
Gehzeiten Etwa 4–5 Std. (14 km); zum Formarinsee hin und zurück ca. ½ Std. (1 km).
Parkplatz Formarinsee – Unteres Älpele 2 Std. (7 km) – Zug 1¼ Std. (4 km) – Lech ¾ Std. (3 km).
Gegenrichtung: Etwa 4¼–5½ Std. (14 km).
Lech – Zug ¾ Std. (3 km) – Unteres Älpele 1¼ Std. (4 km) – Parkplatz Formarinsee 2¼ Std. (7 km).
Charakter Begehbarkeit abhängig von der Sommersaison in Lech, wenn der Ortsbus fährt (siehe Serviceteil unter Bus und Einführung/Jahreszeit). Anfangs felsdurchsetzter Steig durch Weideböden, der später immer gemütlicher wird. Gegenrichtung zum Ende hin teils etwas steiler, sonst überwiegend mäßig bergauf mit zwischenzeitlich flacheren Abschnitten. Aussichtshöhepunkte: Formarinsee, Unteres Älpele und Ortsbild in Lech.
Einkehr Gasthaus »Älpele« (Mo. Ruhetag, etwa Mitte/Ende Juni bis um den 20. Sept.). Gasthäuser in Zug und Lech. Freiburger Hütte oberhalb des Formarinsees etwa ab Mitte Juni–Anf. Okt., Aufstieg ca. ¾ Std. über den leichten Wirtschaftsweg.
Baden Waldschwimmbad zwischen Zug und Lech direkt am Weg, angelegt wie ein Bergsee mit einer Felseninsel, 25 °C warmes Wasser, Juli–Okt. tägl. 9.30–19 Uhr bei gutem Wetter.

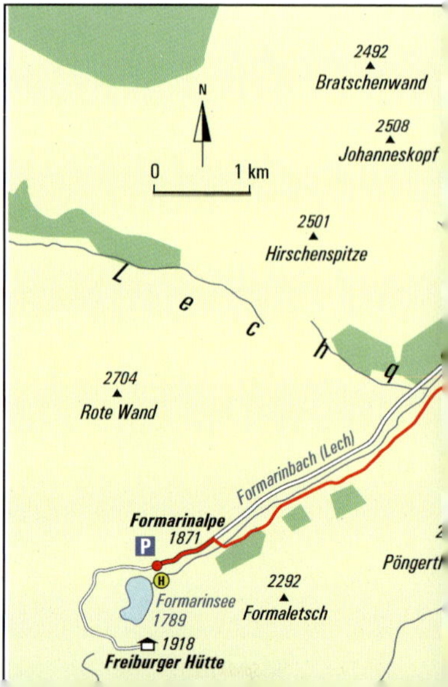

Wegverlauf

Wir verlassen den Bus, der uns von Lech heraufgebracht hat, und sind umgeben von schönster Hochgebirgslandschaft. Das kurze Stück hinab zum Formarinsee ist eigentlich Pflicht, vielleicht geht der ein oder andere noch hinauf zur sichtbaren Freiburger Hütte oder bleibt dort gar über Nacht. Von da oben hat man einen besonders schönen Blick auf den See und die gegenüberliegende mächtige Rote Wand, die ihren Namen von einer rötlich gefärbten Gesteinsader hat. Wieder hinauf zur Bushaltestelle, stehen wir bei der Stele, Informationstafel und Lechwegbank am Anfang beziehungsweise Ende eines wunderschönen Fernwan-

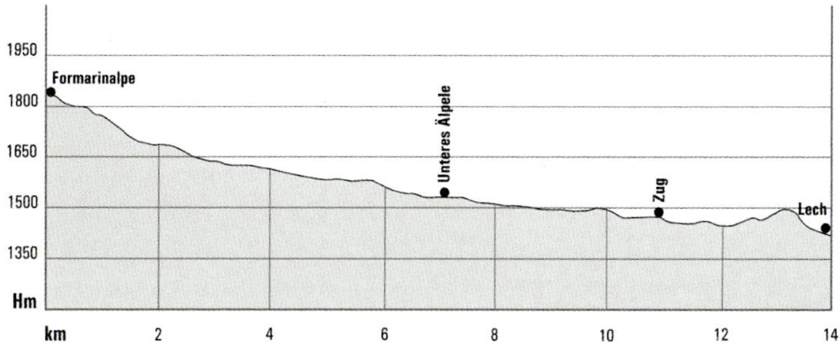

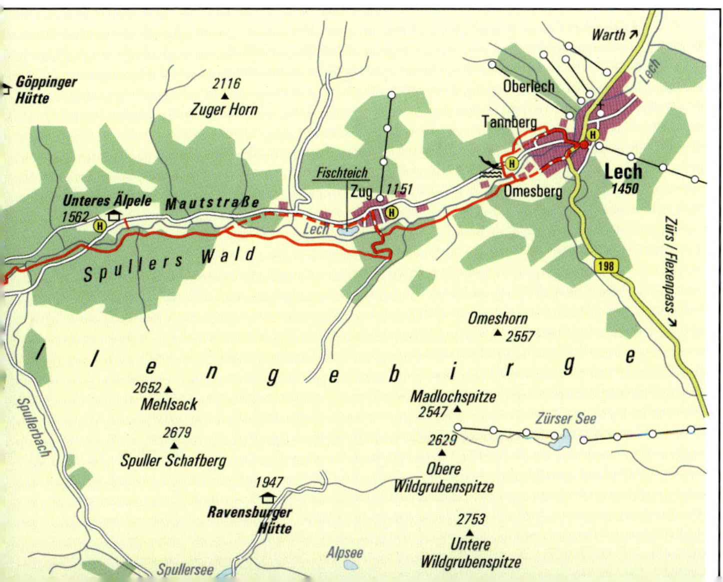

derweges in den Alpen. Die markante Bank mit dem feinen Design wurde extra für den Lechweg entworfen, ist aus wetterbeständigem Lärchenholz gearbeitet, sehr bequem und teils zusammen mit einer Rastplatzausstattung immer wieder am Lechweg zu finden.

Auf dem Sträßchen spazieren wir zurück zur **Formarinalpe**, gleich danach zeigt das »L« rechts in einen Steig zum **Steinbockdenkmal**. Es wurde zur Erinnerung an die 1958 erfolgte Wiederansiedlung des Steinwildes errichtet, aus deren ersten Exemplaren sich eine der größten Steinbockkolonien Europas entwickelt hat. Immer wieder ist auch das Pfeifen der Murmeltiere zu hören, die vorzugsweise in den gegenüberliegenden Südhängen ihr Revier haben. Mit einem Fernglas kann man sie leicht entdecken.

Wir kommen zu einem Schilderpfahl und müssen links abwärts »Älpele, Zug«. Das hübsche, felsenübersäte Hochtal ist das Quellgebiet des Lechs oder des Formarinbachs, der hier meist schon als Lech bezeichnet wird. Im frühen Bergsommer kann man die ein oder andere Quelle auch nah am Weg entdecken, die im Laufe des Sommers versiegen. Erst auf etwa 1700 m Höhe tritt dann ein Bächlein in einer Schuttquelle wieder zutage. Im Juli blüht das ganze Bilderbuch der Alpenflora, darunter Alpenrosen, Frühlings- und Wiesenenzian, Mehlprimeln und die weiße Narzissenblütige Anemone. Dazwischen grasen die Rinder, Kuhglocken bimmeln, man schaut bis zu den Bergen um Lech.

Bei der nächsten Bank passieren wir ein Brücklein, hier plätschert der inzwischen schon ausgeprägte Bach über eine kleine Felsstufe. Es geht teilweise etwas kräftiger bergab, dann schneidet der Bach tiefer ein und bietet dem Auge immer wieder hübsche Wasserfälle. Wir kommen zur **Straßenbrücke** (Bushaltestelle »Johannisbachweg«), gehen links hinüber und nehmen gleich rechts Richtung »Älpele, Zug, Lech« wieder den Steig. Bei der Lechwegbank und einem Brücklein bleiben wir noch geradeaus und wechseln erst mittels der nächsten Brücke die Uferseite.

Spannend geht es auf Holzstegen entlang der Felswände und den Flusswindungen folgend zur Mündung des Spullerbachs, der vom Spullersee (Stausee) herunter kommt und sich unter einer Brücke rauschend in den Formarinbach ergießt. Ab diesem Zusammenfluss von Formarin-

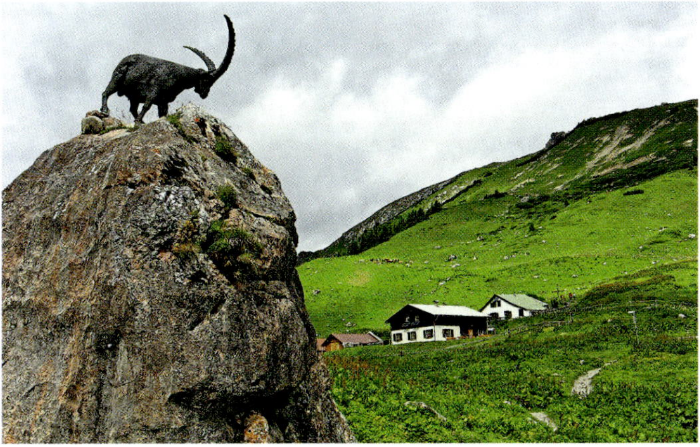

Nahe der Formarinalpe erinnert das Steinbockdenkmal an die Wiederansiedlung der Tiere.

und Spullerbach heißt das muntere Gewässer nun endgültig **Lech**. Wir kreuzen wenig später die Straße und kommen auf romantischem Steig ins Gebiet des **Unteren Älpeles**. Bei oder nach einer Bank führen Trittspuren links zur Brücke, über die man einen Abstecher zum Gasthaus »Älpele« (Bushaltestelle) und zu einer kräftigen Bergbauernbrotzeit machen könnte.

Etwas ansteigend haben wir einen schönen Blick aufs Älpele und den Fluss, dann laufen wir abwärts zu einem wilden Hangabriss und hier ein Stück am Wasser entlang. Flach geht es weiter durch eine fast parkartige Landschaft mit Feuchtgebieten, in denen Wollgras und Knabenkraut, Mückenhändelwurz und Teufelskrallen blühen. Unter die Latschen mischen sich immer mehr Fichten, das heisere »Rab-rab« der Kolkraben ist zu hören, überhaupt kann es sein, dass man bis ins Mittlere Lechtal auch mal einen Adler am Himmel sieht. Es folgen ein Gebiet mit vielen Weiden, ein Rastplatz und ein Fahrweg mit einer Lechbrücke (links hinüber und rechts Variante über Zug).

Davor rechts kurz bergan (»Zug, Lech«), dann wieder abwärts durch lockeren Fichtenbewuchs, mal näher mal weiter vom rauschenden Fluss entfernt. Die Häuser von Zug tauchen auf, am Abzweig »Zuger Tobel« geradeaus. Mit einem kräftigen Anstieg wird ein weiterer Hangrutsch umgangen, wunderschön ist der Blick auf Zug und den dahineilenden Lech. Gemächlich durch den Wald hinunter, kommen wir zu einem Fahrweg und zur Brücke nach **Zug**. Hier weicht der Weg durch die Erweiterung des Golfplatzes bei Zug ein wenig von der früheren Route ab, aber die gute Markierung wird Sie sicher leiten. Vor der Zuger Bergbahn weiter Richtung »Lech«, wählen wir geradeaus den schmaleren Weg und laufen mit dem Lech gemächlich das Tal hinaus. Bei der nächsten Brücke und der Kneippanlage bleiben wir geradeaus (»Lech, Omesberg«), passieren einen Wiesenboden und folgen dem »L« nach links »Schwimmbad, Lech über Tannberg« (geradeaus ginge es in ¼ Std. über Omesberg nach Lech). Ein Steig führt zum Lech, über die Brücke und links zum **Schwimmbad**, dort rechts kurz und steil hinauf zur Straße und rechts zur Bushaltestelle.

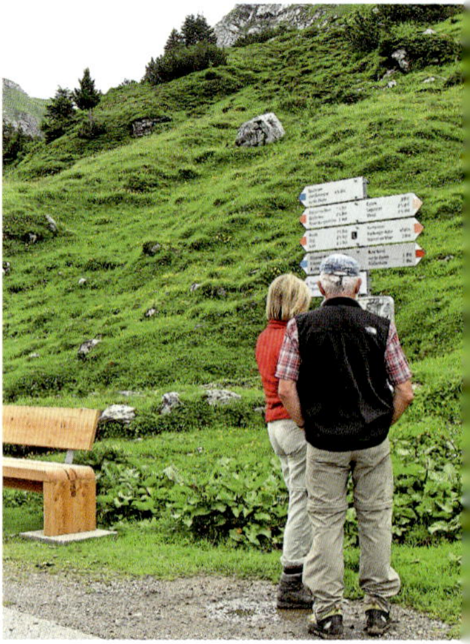

Erste Orientierung am Wegbeginn, daneben eine Lechweg-Bank.

Kurz danach biegen wir links in den Weg mit Sperrschild ab und kommen geradeaus zu einem Schilderpfahl (ohne weitere Steigung und etwas kürzer geradeaus »Lech über Tannberg«, links an Kreuz und Hütte vorbei, zu den Häusern von Tannberg, dort geradeaus und rechts-links der Straße nach zum Treff mit dem Hauptweg). Hier schickt uns der Lechweg links »Oberlech, Schlegelkopf« so gut wie weglos schräg rechts den Hang hinauf in den Wald, dann wieder ins Freie. Mit schönem Blick auf Lech treffen wir auf den Weg zur Rudalpe und gehen rechts steil hinab nach **Tannberg**. Links immer der Hauptstraße nach

(»Ortsmitte«), kommen wir hinunter nach **Lech** und passieren die alte **Holzbrücke** zur Bushaltestelle am Rüfiplatz. Geht man links oder rechts vom Bach die Promenaden weiter, gelangt man zur Kirche und zur Bushaltestelle »Postamt«, bei der die Einfahrt zur Anger-Tiefgarage angezeigt ist.

Gegenrichtung

In Lech in südlicher Richtung dem Fluss entgegen zur **Holzbrücke** am Rüfiplatz, hinüber und gerade aufwärts, oben der Linkskurve nach, immer Richtung »Schwimmbad, Zug« nach **Tannberg**. Dort leitet der Lechweg rechts Richtung »Rudalpe« steil bergan (oder bequemer geradeaus, rechts-links ums Hotel »Hinterwies« herum, gerade über den Wiesenpfad in den Wald, nach dem Kreuz bei der Hütte gerade den Fahrweg zur Straße). Man hält sich zuvor jedoch links und kommt durchs Wäldchen und über den Wiesenhang wieder hinab zum Fahrweg, diesen rechts zur Straße und rechts zur Bushaltestelle. Danach links abwärts zum **Schwimmbad**. Davor links (»Lech über Omesberg«) in den Steig, rechts über die Lechbrücke, links halten und zum breiteren Querweg (der von Omesberg kommt). Rechts Richtung »Formarinsee, Zug, Älpele« durch die Wiese, an der Brücke mit Kneippanlage geradeaus. Nach der Bachbrücke dem Hauptweg folgen, bei der Zuger Bergbahn vor der Lechbrücke (hinüber geht es nach **Zug** und über eine Variante zur folgenden Lechbrücke) links, dann weicht die Route wegen des Golfplatzes etwas vom ursprünglichen Weg ab, Markierungen leiten Sie. Der Hangabriss wird umgangen, am Abzweig »Zuger Tobel« geradeaus und gemächlich steigend durch den lockeren Fichtenwald.

Kurz abwärts zu einer Lechbrücke, davor links »Älpele, Formarinsee«, am Rast- und Grillplatz vorbei und durch ein Feuchtgebiet mit vielen Weiden. Kurz am Fluss entlang und gemächlich hinauf zu einer Kuppe. Hier hat man einen wunderschönen Blick auf den jungen Lech und das Untere Älpele (wenig später über die Lechbrücke kurzer Abstecher zum Gasthaus »Älpele«). Geradeaus dem »L« und der Richtung »Formarinsee« folgen, die Straße kreuzen und zur Mündung des Spullerbachs. Hier ist der kartografische **Lechursprung** erreicht.

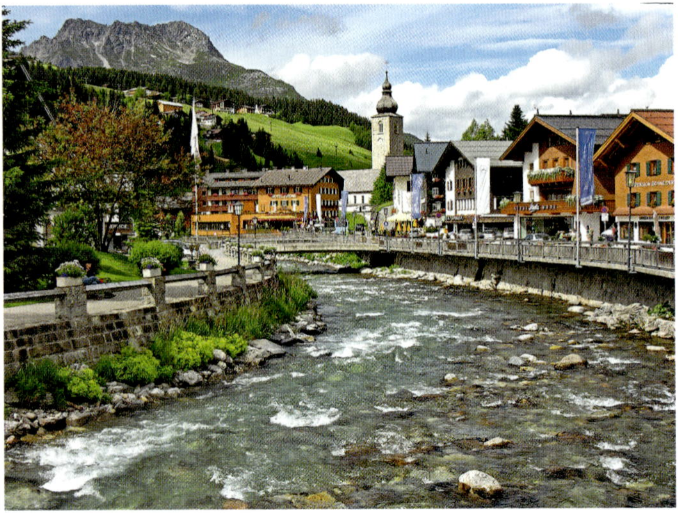

Lech gilt als eines der schönsten Hochgebirgsdörfer der Alpen.

Gerade am Formarinbach und seinen Windungen weiter, dann rechts über eine Brücke und am anderen Ufer zu einer Lechwegbank bei einem weiteren Brücklein. Hier geradeaus bleiben und zur **Straße** (Bushaltestelle »Johannisbachweg«). Links über die Brücke und drüben gleich rechts »Formarinsee, Freiburger Hütte« weiter aufwärts. Der Bach schneidet tiefer ein, bildet hübsche Wasserfälle, zwischendurch führt der Steig etwas steiler bergan. Links voraus steht der Formaletsch, auf dessen Südostseite sich das interessante, von der Freiburger Hütte aus erreichbare Karstgebiet des Steinernen Meers (geologische Fundstellen) erstreckt. Es geht wieder durch Weideböden, über ein Brücklein und nun durchs Quellgebiet des Formarinbachs oder auch des Lechs. Beim Schilderpfahl rechts zum **Steinbockdenkmal** und zur **Formarinalpe**, dort links zum Ende des Lechwegs bei der Bushaltestelle. Gerade abwärts bietet sich der kurze Abstecher zum **Formarinsee** an, von dem aus man der über dem See sichtbaren Freiburger Hütte noch einen Besuch abstatten kann.

Sehenswert, wissenswert

→ Der **Formarinsee** (1789 m) gehört zum Gemeindegebiet von Dalaas. Er misst 400 m in der Länge und 280 m in der Breite, ist ein Natursee und wird von hohen Bergen umschlossen, darunter die eindrucksvolle Rote Wand (2704 m). Die Berge, die das Hochtal mit dem See und dem jungen Lech umgeben, hat man erst **Lechquellengebirge** genannt, als die bergsteigerische Erschließung der Alpen um das Jahr 1900 mehr oder weniger beendet war. Zuvor wurden diese den Lechtaler Alpen zugerechnet oder waren als Klostertaler Alpen bekannt.

Extra-Tour

Südlich vom Formarinsee und auf 1916 m Höhe liegt die **Freiburger Hütte**, eine Alpenvereinshütte, in der man auch nächtigen kann. Hütten(Haus-)schuhe und Hüttenschlafsack erforderlich (Anmeldung zweckmäßig, Tel. 0043/(0)5550 24588 od. 664/1745042). Von der Bushaltestelle geht es südlich auf einem Felsensteig (nur für Geübte!) zur Hütte, von dort auf einem Wanderweg, der als leichter Aufstieg geeignet ist, um die Westseite des Sees zurück (ca. 1½–2 Std.).

→ **Das Älpele** (1562 m) war als Ortsteil von Lech im 17. Jh. ganzjährig bewohnt. 1997 hat die Gemeinde Lech das Gasthaus erbaut und innen mit dem Holz aus dem so genannten Cia-Hus eingerichtet, das im Ortsteil Tannberg aus Gründen der Pistensicherung weichen musste.

→ **Zug** (1511 m) gehört zur Gemeinde Lech und schmückt sich mit der hübschen **Kirche** St. Sebastian, deren Erbauung wohl auf ein Gelübde während der Pestzeit im frühen 17. Jh. zurückgeht. Auffällig sind der achteckige, mit einer Zwiebel gekrönte Turm, dessen Erdgeschoss als Sakristei dient, sowie das steile Schindeldach.

→ **Der Fischteich Lech** liegt (bei Zug über die Lechbrücke) nahezu am Weg und bietet die Möglichkeit, seinen Fisch selbst zu fangen, der dann in der Küche zubereitet oder geräuchert wird. Hat man kein Anglerglück, wählt man Fische oder anderes aus der Speisekarte (Di.–So. ab 11 Uhr, etwa Mitte/Ende Juni bis um den 20. Sept.).

→ **Lech** (1444 m, 1550 EW) ist eines der schönsten Hochgebirgsdörfer der Alpen. Es wurde schon in frühgeschichtlicher Zeit als Almgebiet genutzt, aber erst – ebenso wie Warth – um 1300 eine Dauersiedlung der Walser.

Zunächst nannte man es »Tannberg« und »Tannberg am Lech«, im 19. Jh. setzte sich der Name »Lech« durch. Die Bewohner lebten ausschließlich von der Viehzucht und Milchwirtschaft. Erst der Bau der Flexenpassstraße (1897) eröffnete ein besseres und mobileres Leben. Nachdem der Arlberg aufgrund der Skianfänge durch den Warther Pfarrer und der hohen Schneesicherheit zu einem bekannten Wintersportgebiet wurde, erlangte auch Lech internationale Berühmtheit. Dem Sommerurlauber bietet der pittoreske Ort ebenfalls eine umfassende touristische Palette und wunderschöne Wandermöglichkeiten.

Sehenswert ist die **Pfarrkirche** St. Nikolaus und ihr wuchtiger 33 m hoher Turm mit Zwiebeldach. 1390 im gotischen Stil erbaut, hat man 1791 ihr Inneres im Landrokoko-Stil umgestaltet. Das **Walsermuseum Lech-Tannberg** beim Feuerwehrhaus am nördlichen Ortsende Richtung Warth bietet Sammlungen zu Almwirtschaft, Wintersport, Trachten und sakrale Kunst (Anf. Juli–gegen Ende Sept. Mi. und Fr. 15–18 Uhr. Führungen nach Voranmeldung jederzeit möglich. Tel. 0043/(0)664/2423580). Das Lechmuseum Huber-Hus ist ein traditionelles Walserhaus aus dem Jahr 1590. Es steht an der Talstation des Schlosskopflifts, zeigt das bäuerliche Wohnen und Arbeiten und jährliche Sonderausstellungen (Juli–Sept. Do. – So. 15–18 Uhr. Führungen auf Anmeldung. www.lechmuseum.at). Auf einem Fußweg von Oberlech aus zu erreichen ist das Skyspace Lech des Künstlers James Turrel, ein Lichtraum, der das Zusammentreffen von Himmel und Erde besonders erlebbar macht (Sommer Juni – Okt. 1 Std. vor Sonnenaufgang – 1 Std. vor Sonnenuntergang, außer bei Führungen, diese auf Anmeldung), www.skyspace-lech.com

→ **Lechwegschleife Nr. 1,** (auch von Warth aus machbar) Lech – Oberlech – Untere Auenfeldalpe – Körbersee – Kalbelesee – Hochkrumbach – alte Salzstraße – Warth – Wannensee – Bürstegg – Lech. 22,4 km, ca. 7½ Std.

2. Etappe

Von Lech nach Warth

Tobellandschaft, Lechschlucht und Walserhaus

Start Lech (1444 m), Rüfiplatz an der alten Holzbrücke.
Gegenrichtung: Warth (1497), am Dorfplatz.
Verkehrsanbindung Nur während der Gültigkeit des Sommerfahrplans. Bus 110, Haltestelle »Lech Rüfiplatz«.
Gegenrichtung: Haltestelle »Warth Dorfplatz«. Die Buslinie 40a und der Ortsbus Lech Linie 3 verkehren ebenfalls zwischen Lech und Warth.
Gehzeiten Etwa 3–3½ Std. (11 km).
Lech – Abzweig »Bodenalpe« 1 Std. (4 km, zur »Bodenalpe« und Bushaltestelle ca. ¼ Std.) – Geisbrücke 1 Std. (4 km) – Warth 1 Std. (3 km).
Gegenrichtung: Etwa 3½–4 Std. (11 km).
Warth – Geisbrücke ¾ Std. (3 km) – Abzweig »Bodenalpe« 1½ Std. (4 km) – Lech 1¼ Std. (4 km).
Charakter Erst ab der Sommersaison in Lech oder später begehbar, vorher kann noch viel Schnee in den Tobeln liegen. Anfrage beim Tourismusbüro in Lech sinnvoll. Tourausstieg nur zur Bushaltestelle bei der »Bodenalpe« möglich.
Bergauf, bergab in beide Richtungen. Evtl. Etappe bis Lechleiten und dann die nächste bis Holzgau planen. Auf dem Steig oberhalb der Lechschlucht stellenweise besondere Vorsicht nötig!
Aussichtshöhepunkte: Flühenweg oberhalb Lech, Lechbögen vor der Geisbrücke und Rastplatz vor Warth.
Einkehr Gasthäuser in Lech und Warth. Etwa 10–15 Minuten abseits Gasthaus »Bodenalpe« (Di. Ruhetag, etwa Mitte Juni – Ende Sept./Mitte Okt., täglich ab 11 Uhr).
Baden Natursee in Warth.

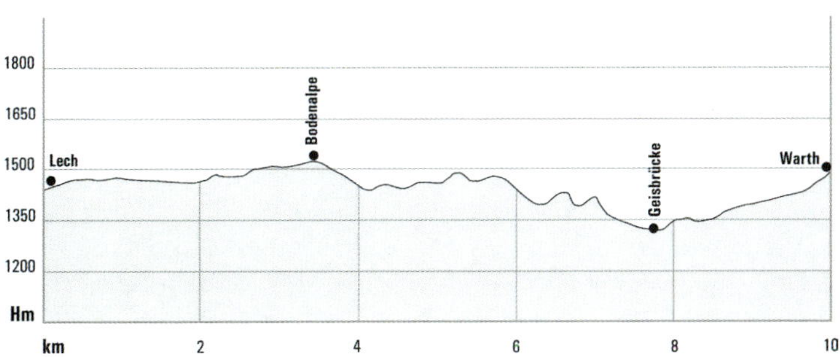

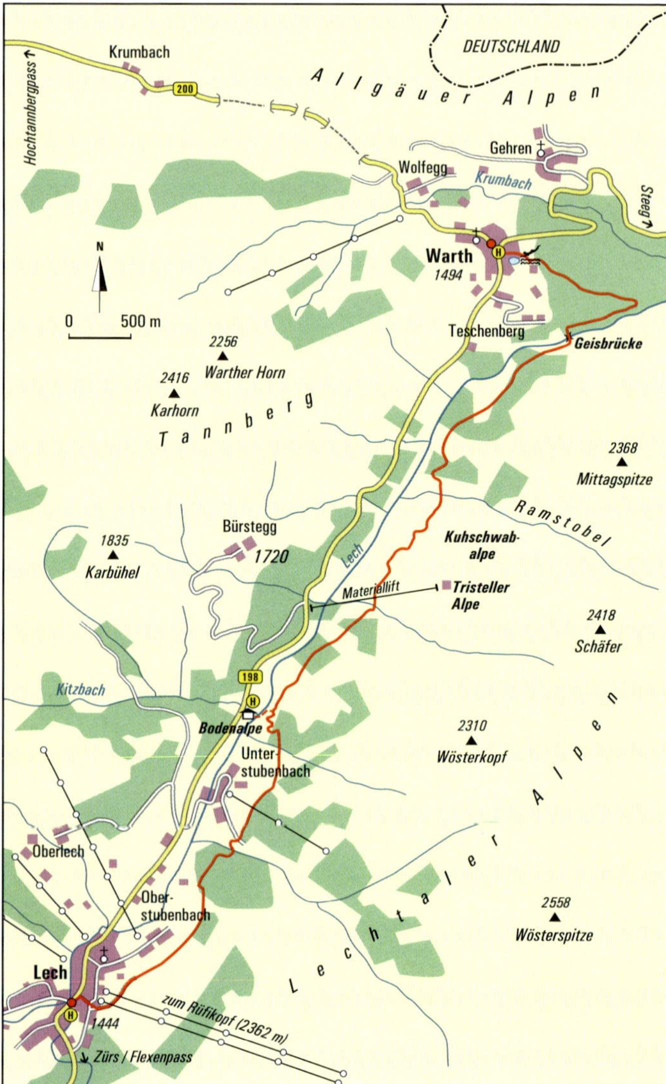
DEUTSCHLAND
Allgäuer Alpen
Krumbach
200
Hochtannbergpass
Gehren
Wolfegg
Krumbach
Steeg
N
0
500 m
Warth
1494
Teschenberg
Geisbrücke
2256
Warther Horn
2416
Karhorn
Tannberg
2368
Mittagspitze
Ramstobel
Bürstegg
1720
1835
Karbühel
Kuhschwabalpe
Lech
Materiallift
Tristeller Alpe
2418
Schäfer
198
Kitzbach
Bodenalpe
2310
Wösterkopf
Unterstubenbach
Lechtaler Alpen
Oberlech
Oberstubenbach
2558
Wösterspitze
Lech
1444
zum Rüfikopf (2362 m)
Zürs / Flexenpass

Wegverlauf

Von der überdachten alten Holzbrücke starten wir hinüber zum traditionsreichen Gasthof »Post«, einem First-Class-Hotel, das sich immer noch bescheiden »Gasthof« nennt, und gehen links daran vorbei Richtung »Stubenbach« das Sträßchen bergan. Unterhalb vom Hotel »Kristberg« links, kommen wir kurz in den Wald (»Flühenweg, Stubenbach«) und links gleich wieder ins Freie. Der Weg steigt an und unterquert die Rüfikopfbahnen. Mit schöner Sicht auf Lech und Oberlech, voraus die Allgäuer Alpen, zieht der Weg durch die Wiesen zu einem Holzkreuz mit Lechwegbank, zum Blick auf Lech und das wuchtige Omeshorn, das den Ort überragt. Auf dem Querweg links abwärts zu einem Stall, davor rechts weiter bergab, nun Richtung »Bürstegg, Warth«. Wir kommen in den Wald und queren im ersten reizvollen Tobel den **Walkerbach**.

Drüben im Freien müssen wir rechts aufwärts »Tristeller Alpe, Alpe Bürstegg« und hinter dem Holzhaus links den Fahrweg weiter kräftig bergan, unterhalb liegt Unterstubenbach. Leicht wellig geht es im Hang dahin und in den Wald, am Abzweig (»Göldenbodenalpe, Tristeller Alpe«) jedoch geradeaus und zunächst kräftiger bergab Richtung »Bodenalpe, Bushaltestelle«. Zwischen den Bäumen ist kurz das tiefer liegende Gasthaus zu sehen. Der Fahrweg macht einen Links-/Rechtsbogen, läuft immer abwärts und kommt zur nächsten Tobelquerung (hier scharf links ein Steig zur »**Bodenalpe**, Bushaltestelle«, lohnenswerter Abstecher wegen der Schluchtquerung und der guten Einkehr).

Wir marschieren weiter Richtung »Warth über Kuhschwab« und ansteigend durch den Wald ins Weidegelände der **Kuhschwabalpe**. Erneut queren wir einen Bach, der – wie die folgenden Bäche auch – immer steiler werdend in der Lechschlucht verschwindet. Unter der Materialbahn der Tristeller Alpe hindurch, erreichen wir eine kleine Anhöhe mit einem Wegweiser. Jetzt geht es ein Stück gemächlich abwärts und zu einer Aussichtsbank, von der wir zu den ersten Häusern von Warth und zu den Gipfeln südlich des Kleinwalsertals schauen, dann kommt auch schon der Widderstein hervor. Der Fahrweg führt steiler abwärts zum nächsten Bacheinschnitt (**Ramstobel**), der oft noch dick voll Schnee liegt, auf der anderen Talseite sieht man die Straße

Lech – Warth. Dann flacher bergab und in den Wald, wo der Fahrweg verlassen wird.

Es folgt ein Steig, der über Holzbohlenstufen in die nächste Bachrune hinunter führt. Nach deren Querung gewährt das schmale Steiglein einen kurzen Blick flussaufwärts in die Schlucht, auf der anderen Talseite stürzen unter den Straßenbrücken ebenfalls Bächlein steil dem Lech zu. Auf dem Waldweg wieder etwas aufwärts, geht es anschließend ein kurzes Stück hoch am Rand der nahezu senkrecht abfallenden **Lechschlucht** dahin (Vorsicht!) und wieder ins Grüne. Hier blühen im Juli der weiße Waldgeißbart und der blaue Milchlattich. Abwärts durch den Wald, halten wir uns links (»Geisbrücke«), dann laufen wir wieder oberhalb vom Lech im Weidehang dahin. Schön ist der Blick in die **Lechbögen**, hoch darüber stehen erste Häuser von Warth. Wir halten auf den Biberkopf zu, vor dem abgestorbenen Baum links, dann rechts zur **Geisbrücke** über den Lech.

Drüben müssen wir steil bergan zu einer Bank, dort rechts »Warth über Lechweg« in den Wald (der direkte Aufstieg im Sonnenhang ist sehr steil). Der überwiegend schattige Forstweg führt mal flacher, mal kräftiger steigend aufwärts zum Linksabzweig »Warth«. Jetzt zieht ein Steiglein durch den Wald hinauf, oben geht es geradeaus »Lechweg Warth« aus dem Wald. Voraus spitzelt bereits der Kirchturm von **Warth** aus der Wiese, dahinter steht der Widderstein. Vom Wiesenweg und Rastplatz bietet sich ein prachtvoller Blick in den Lecheinschnitt, umschlossen von den Bergen bei Lech. Wir spazie-

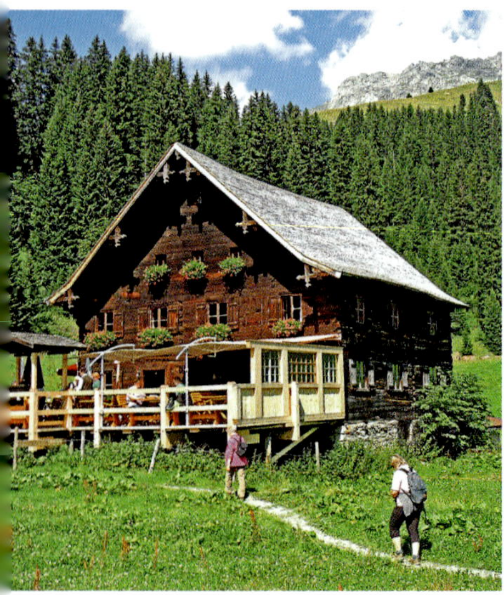

Der Abstecher zur Einkehr in der Bodenalpe lohnt sich.

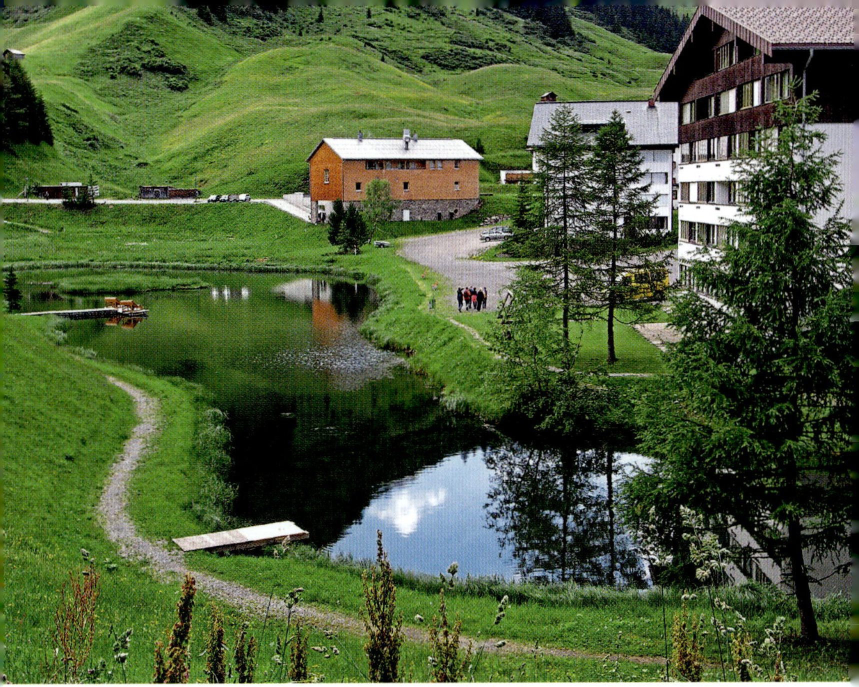

Der Natursee Seebachsee in Warth.

ren hinunter zum **See**. Da die Strecke nicht allzu lang ist, kann man noch schwimmen gehen oder auf einer der Liegen mitten im Natursee relaxen. Links über den Holzsteg, links, dann rechts »Ortsmitte« (oder links um den See), kommen wir zur Hauptstraße, an der gleich rechts die Bushaltestelle liegt. Mittels Zebrastreifen wechseln wir hinüber zum Gemeindeamt, bei dem es rechts auf die dritte Etappe geht.

Gegenrichtung

Vom Gemeindeamt in Warth über den Zebrastreifen, rechts zur Bushaltestelle, vor der »Wälder-Metzge« links und linksseitig am Haus »Fritz« vorbei zum See. Rechts über den Holzsteg und rechts aufwärts »Höhi-Aussichtspunkt« zum **Rastplatz**. Davor rechts ab »Lechweg, Lech« und gerade den Steig mit der herrlichen Aussicht in den Lecheinschnitt weiter durch die Wiesen, direkt auf die wuchtigen Wände von Mittagspitze und Höllenspitze zu. Im Wald rechts abwärts in den Steig

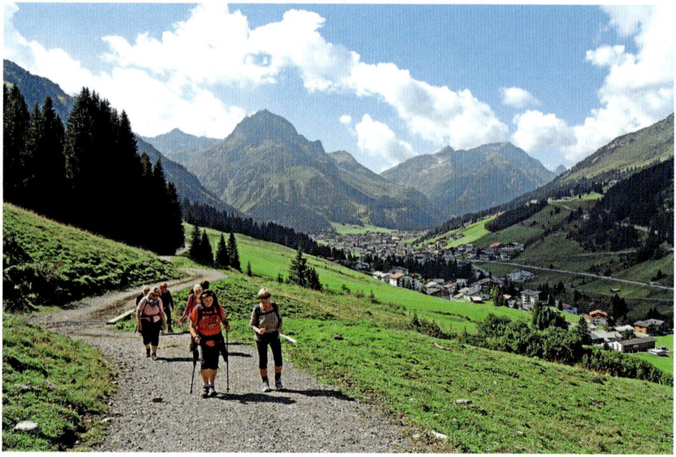

Das Omeshorn überragt den Ort Lech.

(»Lechweg, Geisbrücke, Lech«), der in einen Forstweg mündet. Rechts immer abwärts, dann links dem Wanderpfeil nach und später zu einer Bank in der Wiese. Hier links das letzte steile Stück hinab zur **Geisbrücke** und über den Lech.

Drüben durchs Weidegatter und schräg links dem Pfad folgen, der links zum abgestorbenen Baum kommt, dort rechts durch die Weidehänge aufwärts zum schönen Blick in die **Lechbögen**. Zuletzt ein kurzer kräftiger Anstieg und zum **Schluchtrand**, vorsichtig daran entlang, anschließend abwärts durch den Wald zum nochmaligen Blick in die Schlucht und auf die von der anderen Talseite unter den Straßenbrücken zufließenden Bäche. Den Einschnitt queren, über Bohlenstufen aufwärts und schließlich kurz und steil hinauf zum Fahrweg. Man verlässt den Wald und sieht das Omeshorn. Der **Ramstobel** wird gequert und kräftig bergan zur Lechwegbank mit Rückblick nach Warth und zu den Allgäuer Bergen.

Gemächlicher aufwärts zur kleinen Anhöhe auf der **Kuhschwabalpe** mit dem Wegweiser »Stubenbach«. Nach der Unterquerung der Materialbahn der Tristeller Alpe wieder bergab und zur nächsten Tobelquerung (Abzweig zur »Bodenalpe, Bushaltestelle«). Hier geradeaus weiter und im Links-/Rechtsbogen hinauf zum Abzweig »Tristeller Alpe«, dort geradeaus Richtung »Stubenbach, Lech«. Aus dem Wald, bietet sich ein wundervoller Blick auf den Talkessel von Lech mit dem markanten Omeshorn. Erst wellig dahin, dann kräftig bergab mit der gleichen schönen Aussicht.

Beim Holzhaus mit dem roten Dach rechts kurz abwärts, links in den vom Walkerbach durchflossenen Tobel. Aus dem Wald und aufwärts zu einem Stall, davor links bergan »Flühenweg« und gleich rechts an der Lechwegbank und dem Holzkreuz vorbei. Nun mit ständig schönem Blick auf Lech und das Omeshorn leicht ansteigend durch die Wiesen und unter den Rüfikopfbahnen hindurch. Man sieht jetzt auch die Berge Richtung Formarinsee und kommt hinab zu den Häusern von Lech. Aus dem Wäldchen rechts abwärts »Lech, Ortsmitte« und rechts noch das kurze Stück hinab zum Gasthof »Post« und zur Bushaltestelle am Rüfiplatz. Über die alte Holzbrücke und geradeaus, geht es weiter zum Endpunkt bei der Formarinalpe.

Sehenswert, wissenswert

→ Die Bodenalpe dürfte um 1621 entstanden sein, wobei der alte Flurname »im Boda« wohl Pate gestanden hat. Es ist eine klassische Walserheimat, ein Blockbau, dem um 1800 ein in Bürstegg abgetragenes Walserhaus aufgesetzt wurde und das im Innern liebevoll gestaltet ist.

→ Warth (1497 m, 200 EW) gehört zu Vorarlberg und liegt an der Wegscheide zwischen dem Tiroler Lechtal und dem Hochtannbergpass, über den um 1300 die Walser aus dem Schweizer Wallis in dieses Gebiet kamen. Seit dieser Zeit sind Brauchtum, Baudenkmäler und auch die Sprache von der Kultur der Walser geprägt. Im Ortskern nahe der Kirche ist noch ein typisches Walserhaus erhalten mit einer imposanten Dachkonstruktion und den typischen Schiebefenstern. Gefundene Gebrauchsgegenstände aus dem 15. Jh. belegen zumindest bis dato das Alter des Hauses. Der Kirche St. Sebastian ging eine im Jahr 1540 errichtete Kapelle voraus. 1590 fand eine erste Erweiterung statt, und 1625 wurde Warth zu einer eigenen Pfarrei erklärt. Warth ist heute ein

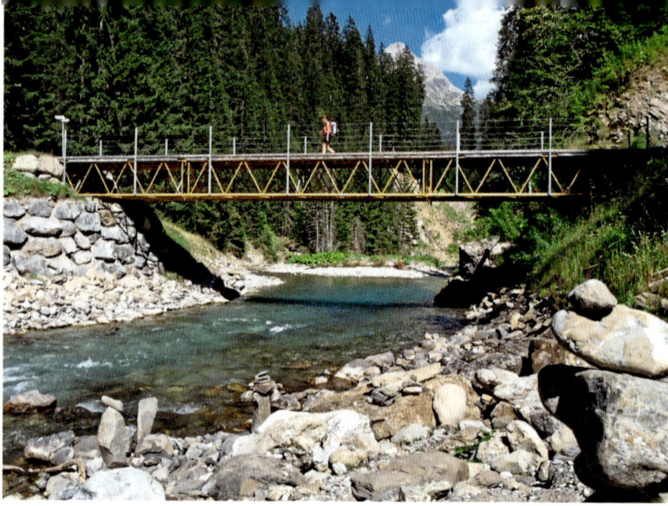

Die Geisbrücke in der Lechschlucht.

bekannter Wintersportort und gilt als einer der Geburtsorte des Alpinen Skilaufs, da der damalige Pfarrer Johann Müller 1894 echte Hickory-Ski aus Norwegen kommen ließ, mit denen er zunächst ungesehen bei Mondschein übte.

Extra-Tour

Eine schöne leichte Wanderung führt auf Spuren der Walser zum **Hochtannbergpass** (1666 m). Vorbei an der Kirche in Warth und dem Walserhus kommt man zum Ortsteil Wolfegg, weiter auf der Alten Salzstraße zum Hotel und Gasthaus »Jägeralpe«, später zum Hotel »Adler«. Hier hinauf zur Kapelle am Simmel und zum Weltfriedenskreuz, das einen schönen Blick über die interessante Passstraße ermöglicht. Vom Hotel zurück mit dem Bus (ca. 1½–2 Std.).

Oder man fährt mit dem **Steffisalp-Express** hinauf zur Bergstation, von der man auf einem leichten Wanderweg in ca. einer halben Stunde zur Hochalphütte gehen kann (Einkehrmöglichkeit). Der Lift fährt Ende Juni – Anf. Okt. (meist noch die zwei folgenden Wochenenden) bei trockenem Wetter täglich 9–12.30 und 13.30–16 Uhr, Tel. 0043/(0)5583/36010, www.warth-schroecken.at.

Von Warth nach Steeg

Schluchtansichten, Naturkäserei, Holzschnitzer

Start Warth (1497 m), am Dorfplatz. Gegenrichtung: Steeg (1124 m), Parkplatz im Zentrum gegenüber Hotel »Post«.
Verkehrsanbindung Bus 110, Haltestelle »Warth Dorfplatz«. Gegenrichtung: Haltestelle »Steeg Dorf«.
Gehzeiten Etwa 4¼–5 Std. (15 km). Warth – Gehren ½ Std. (2 km) – Lechleiten ¾ Std. (2 km) – Scheitelpunkt Wendeplatz 1 Std. (3 km) – Lechbrücke, Schlucht 1 Std. (4 km) – Prenten ¼ Std. (1 km) – Steeg ¾ Std. (3 km). Gegenrichtung: Etwa 4½–5½ Std. (15 km); Steeg – Prenten ¾ Std. (3 km) – Lechbrücke, Schlucht ¼ Std. (1 km) – Scheitelpunkt Wendeplatz 1½ Std. (4 km) – Lechleiten ¾ Std. (3 km) – Gehren ½ Std. (2 km) – Warth ¾ Std. (2 km).
Charakter Abwechslungsreiches Auf und Ab in schöner Alpenlandschaft, ab dem Scheitelpunkt in vielen Kehren ins Tal, in der Gegenrichtung analog bergauf, dafür anschließend mehr abwärts. Aussichtshöhepunkte: immer wieder zwischen Warth und Lechleiten sowie in die Lechschlucht. Die Bushaltestellen von Gehren und Lechleiten liegen unterhalb an der Passstraße.
Einkehr Gasthäuser In Warth und Steeg. In Gehren Lisl's Terrasseneinkehr (Gehrnerhof), Ende Juni – Mitte Okt., Mo.–Sa. ab 10 Uhr je nach Wetter, in Lechleiten »Holzgauer Haus« (Mi. Ruhetag).
Baden Wasser- und Wellnesswelt »Aqua Nova« im Ortszentrum von Steeg, etwa Ende Juni – Anf. Okt. 10–22 Uhr, Mo. Ruhetag, Tel. 0043/(0)5633/5254, www.aquanova.at.

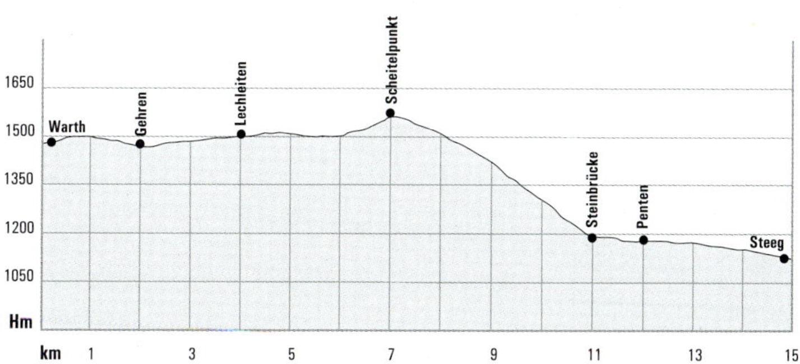

Wegverlauf

Beim Gemeindeamt gehen wir geradeaus die Straße zwischen Dorfbrunnen und »Tirolerhof« weiter, links aufwärts, am Dorfcafé mit den leckeren Kuchen vorbei und zwischen der Kirche und dem alten Walserhaus hinab zur Hauptstraße. Schräg links hinüber und das schmalere Sträßchen abwärts, das uns zum »Warther Hof« bringt. Vor dessen Unterführung rechts und gleich links in den Feldweg, heißt nun die Richtung »Gehren«. Wunderschön ragt der Biberkopf in den Himmel, die Häuser davor gehören zu Gehren und Lechleiten. Über ein Bachbrücklein laufen wir abwärts, auf den Gipfel des Widdersteins zu und hinab zum Krumbach, den eine kurze **Hängebrücke** überspannt. Drüben führt ein Steig bergan, voraus haben wir die Lechtaler Alpen, im Rückblick schmiegt sich Warth in die Hügel unter dem Warther Horn, der höhere Gipfel dahinter ist das Karhorn. Der Weg hält direkt auf den Biberkopf zu, erreicht **Gehren** und somit auch Tiroler Boden.

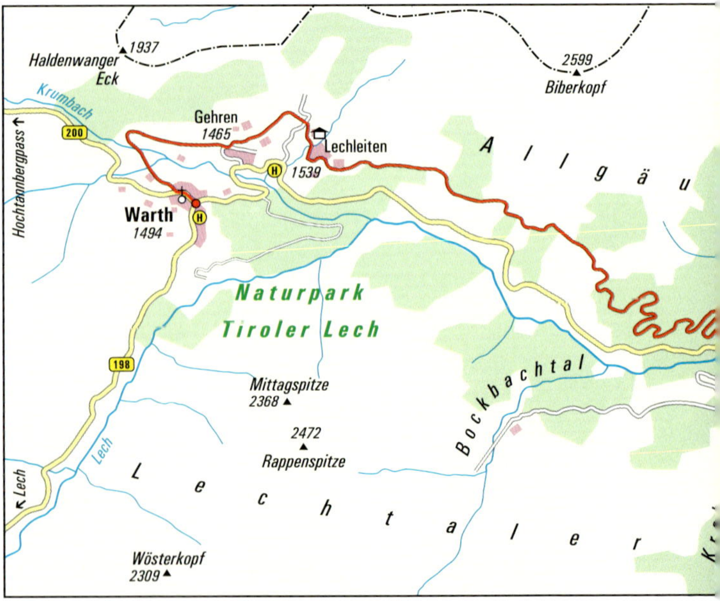

Geradeaus müssen wir Richtung »Lechleiten« an der Kapelle vorbei und ansteigend aus dem Ort, an der Kurve geradeaus in den ungeteerten Weg und beim zweiten Einschnitt rechts über die Brücke. Wir kommen zu einem Haus, nehmen die Straße links aufwärts und erreichen den aussichtsreichen Gasthof »Holzgauer Haus«, dann laufen wir hinauf nach **Lechleiten** zum Kirchlein. Erneut öffnet sich ein wunderschöner Blick auf Warth und das Warther Horn, links davon stehen im Einschnitt die Berge um Lech. Im Ort halten wir uns rechts (»Klettergarten«) und durchqueren gerade den Parkplatz, anschließend geht es abwärts Richtung »Steeg« und zum **Klettergarten**, über dem der Biberkopf aufragt.

Der Weg fällt weiter sanft ab, unterhalb ist stellenweise die Passstraße zu sehen. Es folgt eine Gabelung, hier links in den oberen Weg Richtung »Steeg« und etwas kräftiger bergan, die Felsplatten des Biberkopfs sind nun recht nah. Auf der anderen Talseite stehen zwei wuchtige Köpfe, die Höllenspitze und die Mittagspitze, zur Brunftzeit im Herbst dringt schon mal das Röhren eines Hirsches herüber. Der Weg wird flacher, dann wiederum ein kurzer kräftiger Anstieg zu einer Bank mit Blick nach Warth und weiter auf und ab. Nach einer Rune oberhalb der Passstraße kommen wir zum Abzweig des Mäuerles-Rundwegs, hier rechts Richtung »Steeg«. Der Weg steigt wenig später erneut und gewährt einen Blick in den Einschnitt des Bockbachtals mit seinen besuchenswerten Jausenstationen. Schließlich erreichen wir beim Wendeplatz den **Scheitelpunkt**, ab hier geht es nun länger abwärts.

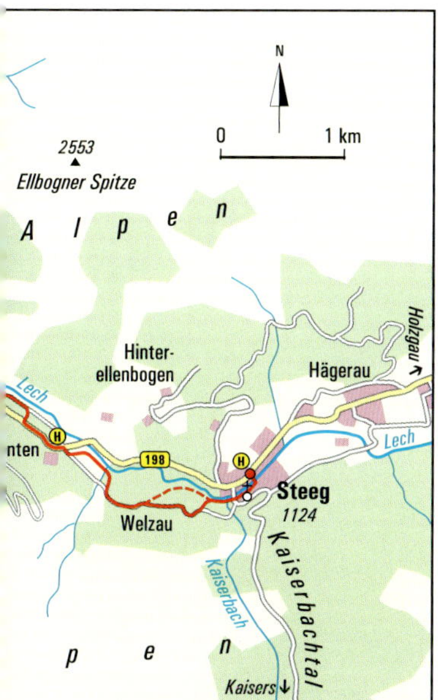

In vielen Windungen zieht der Forstweg den Hang hinunter, beim Treff auf eine Kurve gerade weiter bergab. Wir laufen um eine zweite, große Wildfütterung herum, kommen zu einem Lagerplatz und folgen dem Sträßchen flacher abwärts, vorbei an einem interessanten alten Holzhaus. Es öffnet sich ein wunderschöner Blick in die Lechschlucht unter der hohen Straßenbrücke (Burgstallbrücke), dann sind wir bei einer **Steinbrücke**, die den Lech und sein enges Felsenbett überspannt. Auf der anderen Seite folgt das Sträßchen dem Fluss, und begleitet vom rauschenden Wasser wandern wir hinaus zu einem Holzlagerplatz an der L198.

Links müssen wir an der Straße entlang, dann vorsichtig hinüber zur Bushaltestelle »Steeg Prenten«. Aufwärts zu den Häusern von **Prenten**, an der Kurve geradeaus ein paar Meter durch die Wiese und übers Steiglein hinab zur L198, an der wir rechts auf dem Grünstreifen zur Lechbrücke kommen. Wir bleiben vor der Brücke und gehen geradeaus Richtung »Steeg« auf einem Sträßchen am Fluss durchs hübsche Tal.

Der Wanderweg schwenkt rechts weg zum Waldrand, läuft ein Stück daran entlang, dann geht es vor dem Gatter geradeaus zu einem

In der Gegend um Warth beherrscht der Biberkopf das Bild. Zu seinen Füßen der Weiler Lechleiten.

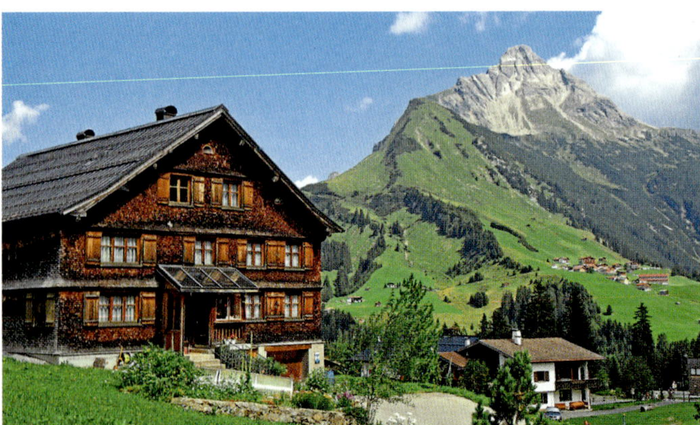

Hof von **Welzau**. Hier zeigt das Schild »Lechweg, Steeg« rechts hinauf in den Wald (geradeaus und das ruhige Sträßchen sehr schön am Lech entlang, gelangt man zeitlich etwas kürzer und ohne weitere Steigung zur Kirche). Oben mündet das Steiglein in einen Fahrweg, auf diesem links und hinab zu Häusern und zum Sträßchen, das uns rechts zur Kirche von **Steeg** bringt. Hier fließt der Kaiserbach aus dem Kaisertal dem Lech zu. Am Gotteshaus gerade vorbei und leicht ansteigend auf einem kurz darauf begrünten Weg weiter, spazieren wir zwischen den nächsten Häusern hindurch und vor dem Gasthof »Schönblick« links den Steig hinunter zur Lechbrücke. Wir queren hinüber und gelangen rechts ins Zentrum mit der Käserei, dem Parkplatz beim Hotel »Post« und der Bushaltestelle.

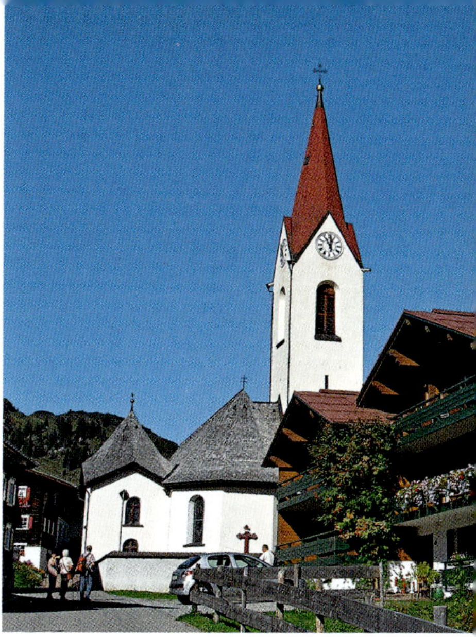

Pfarrkirche in Warth.

Gegenrichtung

Wir sind vom Parkplatz vor dem Hotel »Post« links zur Käserei und Lechbrücke gegangen. Hier wechseln wir die Flussseite, gehen drüben gleich rechts den Steig bergan, gerade zwischen den Häusern hindurch und hinab zur **Kirche**. Gerade vorbei und Richtung »Prenten« dem Wasser entgegen, kurz darauf biegt der Lechweg bei Häusern links ab (kürzer, schöner und ohne Steigung geradeaus nach Welzau, vor dem ersten Haus links ab, hinter diesem zum Hauptweg-Treff und geradeaus). Das »L« leitet in den Wald hinauf, dann rechts ab in ein schmales Steiglein und zuletzt etwas steiler hinab nach **Welzau**.

Links weiter und vor dem Gatter Richtung »Hinterellenbogen, Prenten« gerade am Waldrand entlang. Schön ist der Blick auf den Biber-

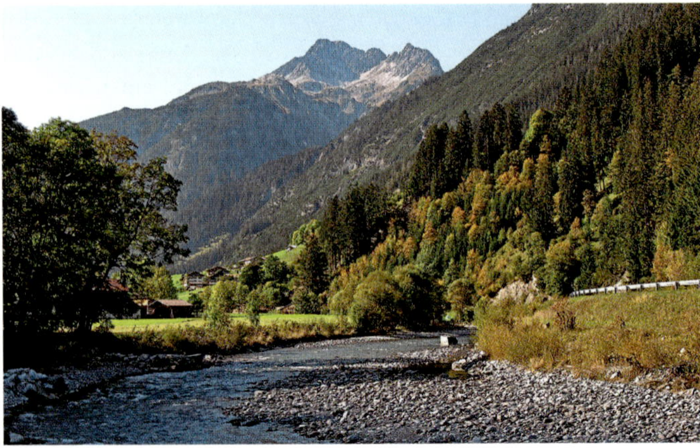

Der Lech kurz vor Steeg, hinten der Biberkopf.

kopf und auf den am Hang gelegenen Weiler Hinterellenbogen. Wieder zum Fluss, an diesem geradeaus bis zur Straßenbrücke. Davor bleiben und gerade auf dem Grünstreifen zu Wanderschildern, dort das Steiglein hinauf, wenige Schritte durch die Wiese nach **Prenten** und gerade zur Bushaltestelle an der Hauptstraße.

Links an dieser links entlang, bis rechtsseitig ein Abzweig zum Holzlagerplatz auftaucht. Nach links durchs Viehgatter und auf dem Sträßchen weiter, anschließend am Fluss entlang zur **Steinbrücke**, die die Schlucht überspannt. Drüben ansteigend und mit nochmaligem Blick in die Lechschlucht mit der Burgstallbrücke stets dem Fahrweg folgen, vorbei am alten Holzhaus zu einem Lagerplatz. Rechts weiter und teils kräftiger bergan, um eine große Wildfütterung herum und in einigen Kehren – an einer Rechtskurve gerade abzweigen – bergauf bis zum Wendeplatz, bei dem der **Scheitelpunkt** erreicht ist. Gerade in den Wanderweg und nun überwiegend bergab oder flacher dahin, stets Richtung »Lechleiten«. Man schaut immer wieder auf Warth mit dem Warther Horn und Karhorn, rechts lugt der Gipfel des Widderstein über den Buckel. Zuletzt sanft ansteigend zum **Klettergarten** und zum Parkplatz in **Lechleiten**.

Den Parkplatz gerade durchqueren und zum Kirchlein, bei dem sich ein wunderschöner Blick nach Warth auftut. Das Sträßchen abwärts zum Gasthof »Holzgauer Haus« und weiter bergab zu einem Haus an der Straßenkurve. Hier rechts in den Feldweg abzweigen (»Gehren, Warth«), über die Bachbrücke und links weiter etwas abfallend zu einer weiteren Straßenkurve. Nun links abwärts und an der Kapelle vorbei nach **Gehren**.

Rechts leitet das »L« in einen Naturweg, der zu einem Steiglein wird, das hinab führt zur kleinen **Hängebrücke** über den Krumbach. Auf der anderen Seite bergan, dann rechts zum »Warther Hof«. Vor dessen Unterführung links den Teerweg hinauf zur Hauptstraße, schräg links hinüber, zwischen Kirche und dem Walserhaus aufwärts und hinein nach **Warth** zum Brunnen und Gemeindeamt am Dorfplatz.

Sehenswert, wissenswert

→ **Steeg/Hägerau** (1122 m, 710 EW) besteht aus mehreren kleinen Dörfern und Weilern und bildet das Ende des Tiroler Lechtals vor dem Anstieg nach Warth, das bereits zum Arlberggebiet und somit zum Land Vorarlberg gehört. Zur Gemeinde zählen auch noch das Richtung Warth gelegene Lechleiten und Gehren. An der Hauptstraße gegenüber dem Gasthof »Post« findet sich die **Lechtaler Naturkäserei Sojer**. Hier kann man Käsespezialitäten aus Lechtaler Naturmilch erstehen oder in der gemütlichen Imbissstube gleich vor Ort verzehren, frische Milch trinken, Joghurt- und Eisspezialitäten probieren, Apfel- und Topfenstrudel und die deftigen Brotzeiten genießen (täglich 8–18 Uhr, So./Feiertage 9–18 Uhr). Jährlich kommen etwa 1,5 Mio. Liter Milch von 17 Bergbauern und 5 Almen in die Käserei, die daraus nach altem Verfahren erstklassigen Käse herstellt und in den eigenen Käsekellern bis zur Reife pflegt. Ab der Saison 2021 betreibt die Familie Sojer in Warth das „Alte Sennhaus". In dem historischen Gebäude gibt es ein kleines Restaurant und einen Verkaufsraum für regionale Köstlichkeiten sowie eine Ausstellungsfläche über die Ortsgeschichte und die Sennerei.

→ Die **Holzschnitzerei Lorenz** stellt aus dem Holz der Bergwälder hochwertige Objekte her. Dahinter liegt das Hallenbad **Aqua Nova** mit Wasser- und Wellnesswelt.

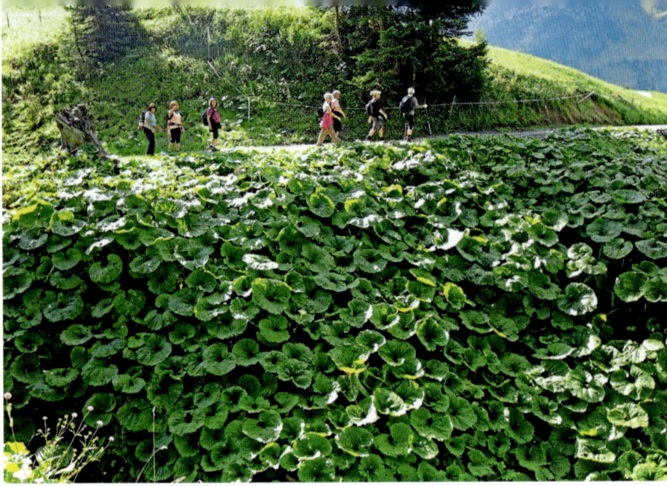

Auf dem Weg von Gehren nach Lechleiten bedecken Riesenblätter einen Bachgraben.

Von Steeg führt eine Straße hinauf zur höchstgelegenen Gemeinde der ganzen Nördlichen Kalkalpen, nach **Kaisers** (1518 m). Dieses Tal wurde im 14. Jh. von Süden, vom Stanzer Tal zwischen Landeck und dem Arlberg her besiedelt. So gehörte der Ort bis 1938 zur dortigen Gemeinde Pettneu, die heute noch die Almrechte im Kaisertal besitzt. Die **Kirche** zur Hl. Anna wurde nach einem Brand ab 1851 neu errichtet.

Extra-Tour

Eine gemütliche Wanderung führt von Kaisers ab der Bushaltestelle beim Gasthaus »Vallugablick« in etwa 1–1½ Std. auf einem Fahrweg durch das von eindrucksvollen Bergen umgebene Tal zur bewirtschafteten **Kaiseralpe** (1689 m, etwa Ende Mai–Anf. Okt.).
Etwas spektakulärer ist die Rundwanderung von Steeg nach Kienberg und zur Hängebrücke über die Kaiserbachschlucht (2 ¼ Std.).

→ **Lechwegschleife Nr. 2,** Steeg – Prenten – Ebene – Gföllwiesen – Hängebrücke – Holzgau – auf Lechweg zurück: Dürnau – Steeg.
16 km, ca. 7 Std.

4. Etappe

Von Steeg nach Elbigenalp

Bemalte Häuser, Hängebrücke und die Geierwally

Start Steeg (1124 m), Parkplatz im Zentrum gegenüber Hotel »Post«. Gegenrichtung: Elbigenalp (1039 m), am Lech.

Verkehrsanbindung Bus 110, Haltestelle »Steeg Dorf«. Gegenrichtung: Haltestelle »Elbigenalp Hotel Alpenrose«.

Gehzeiten Etwa 5–6 Std. (18 km); über Gföll zur Hängebrücke ca. ½ Std. (2 km) weniger.
Steeg – Wasserfall b. Hägerau ¼ Std. (1 km) – Dürnau ½ Std. (2 km) – Holzgau ½ Std. (2 km) – Hängebrücke 1 Std. (3 km, über Gföll ½ Std., 1 km) – Holzbrücke bei Stockach ¾ Std. (3 km) – Talstation Jöchelspitzbahn ½ Std. (1 km) – Seesumpfkapelle ½ Std. (2 km) – Bach, Lechbrücke ¼ Std. (1 km) – Elbigenalp, Lechbrücke ¾ Std. (3 km, in den Ort + ca. 8 Min.).
Gegenrichtung: Etwa 5½–6½ Std. (18 km); über Gföll ½ Std. (2 km) weniger.
Elbigenalp – Bach, Lechbrücke ¾ Std. (3 km) – Seesumpfkapelle ½ Std. (1 km) – Talstation Jöchelspitzbahn ½ Std. (2 km) – Holzbrücke bei Stockach ¼ Std. (1 km) – Hängebrücke 1¼ Std. (3 km) – Holzgau 1 Std. (3 km, über Gföll ¼ Std., 1 km) – Dürnau ½ Std. (2 km) – Wasserfall b. Hägerau ½ Std. (2 km) – Steeg ¼ Std. (1 km).

Charakter Zwischen Holzgau und Bach viel bergauf, bergab zum Teil auf mittelschweren Steigen, sonst gemütliche Flach- und Flussstrecken. Etappe evtl. nur bis Bach planen. Aussichtshöhepunkte: von der Hängebrücke und dem anschließenden Panoramaweg Richtung Bach.

Einkehr In Steeg, Holzgau, Bach und Elbigenalp. Unterwegs hinter dem

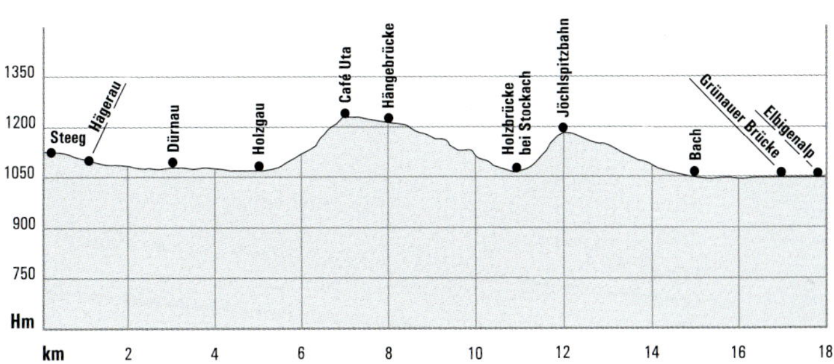

Simms-Wasserfall »Café Uta« (Anf. Juni bis Anf./Mitte Okt. 10–18 Uhr, Mi. Ruhetag) an der Talstation der Jöchelspitzbahn »Lechtaler Hexenkessel« (Aug. kein, sonst Mi. Ruhetag), hinter Seesumpf »Berggasthof Klapf« (ca. 8 Min. vom Weg, herrliche Aussicht, Di. Ruhetag).

Baden Freibad Oberlechtal bei Obergrünau, Anf. Juni–Ende August, bei schönem Wetter 9.30–19 Uhr.

Wegverlauf

Gegenüber dem Hotel »Post«, dem von Gault Millau und Falstaff ausgezeichneten »Postwirt«, spazieren wir durch den öffentlichen Parkplatz zum Lechufer, links am Bad Aqua Nova vorbei, gerade an der Freifläche und dem Sportplatz zum Dorf hinaus und begleiten den Lech zur Holzbrücke bei **Hägerau**. Wir wechseln die Flussseite und sind kurz darauf beim hohen **Griesbach-Wasserfall** mit einem Rast- und Grillplatz, die Wanderrichtung heißt nun »Jochweg Holzgau«. Gleich

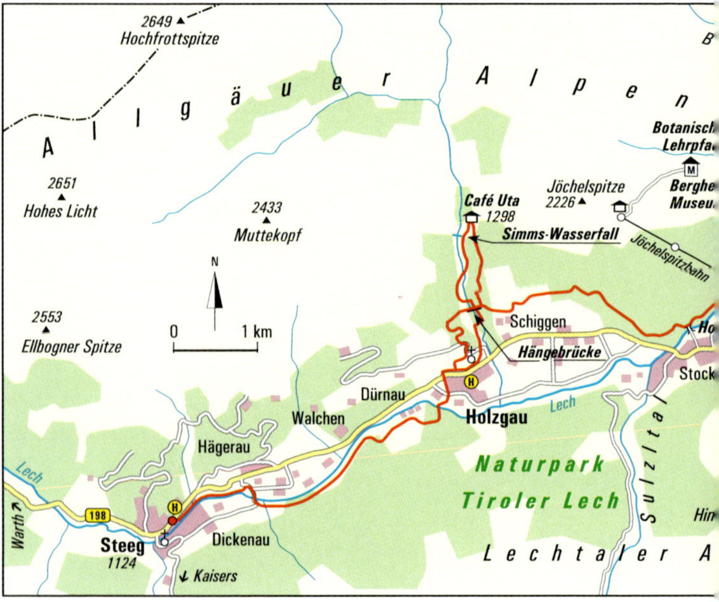

nach der Bachbrücke findet sich eine schön in die Natur integrierte **Kneippanlage**.

Auf einem gemütlichen Wandersteig geht es nun immer am Wasser entlang. Zur Blütezeit kann man neben Schneeheide, Aurikeln und Alpenfettkraut auch Enziane und den ein oder anderen Frauenschuh entdecken, im Sommer leuchtet das Rot der Alpenrosen aus den Hängen. Kurz darauf kann der Weg im Mai schon mal durch einen Lawinenkegel nicht passierbar und die Umleitung unabdingbar sein. Ansteigend passieren wir das Geröllgeschiebe einer weiteren Bach- und Lawinenrune, schauen auf den Lech und die Berge und kommen wieder hinab zum Ufer. Der Steig mündet in einen Fahrweg, wir gehen gerade weiter und bei den nächsten Wanderschildern rechts »Jochweg Dürnau, Holzgau«. Gemächlich steigend laufen wir durch den Wald und kommen nach **Dürnau**. Schön ist der Blick zum Pimig hinter Steeg sowie zum Karhorn und Warther Horn bei Warth.

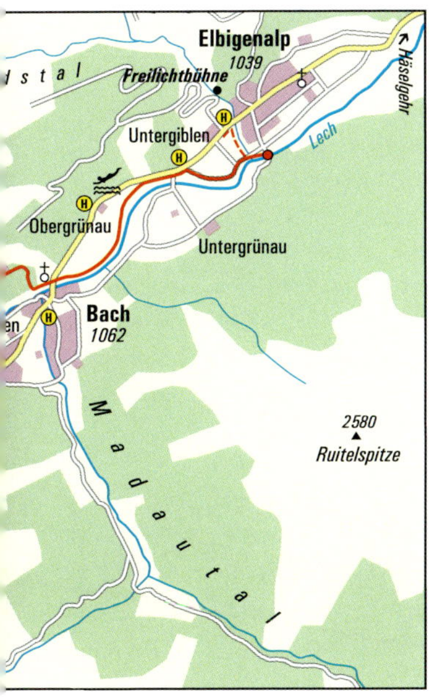

Vor den Häusern gleich rechts wieder in den Wald »Jochweg nach Schönau«. Wir queren ein wildes Bachbett und wenden uns direkt nach der Brücke links (»Holzgau«). Viele »L« leiten neben dem Bach auf einem Pfad durch den Wald gemütlich abwärts. Nach links queren wir noch mal das Geröllbett und sind kurz darauf an der **Lechbrücke**. Hinüber und Richtung »Holzgau, Kirche, Dorfplatz« den schmalen Teerweg durch die Wiesen auf Holzgau zu. Dann geht es links »Kirche, Dorfplatz« an einem Bächlein zur L198 in **Holzgau**. Wir kreuzen die Straße und laufen rechts hinter dem Gasthof »Waldrast« entlang zu einer

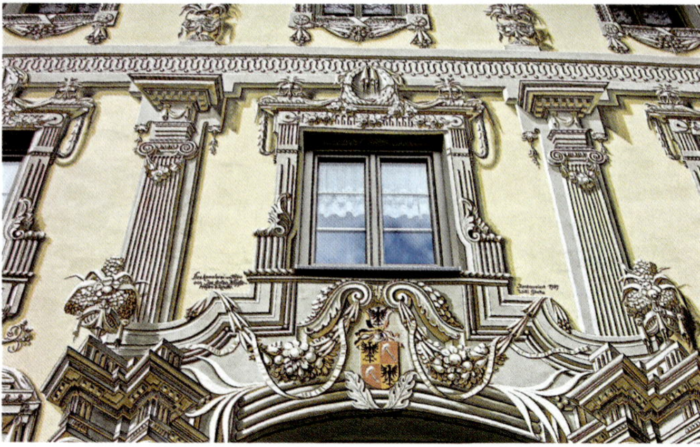

Detail einer 1989 besonders schön restaurierten Fassade an einem Holzgauer Haus.

Gabelung, an der man geradeaus aufwärts beim bemalten Haus gleich auf den Weg über Gföll zur Hängebrücke treffen würde.

Rechts heißt es »Dorfplatz 300 Meter«, und es ist empfehlenswert, sich im Zentrum (Bushaltestelle »Holzgau Dorf«) die Häuser mit den üppigen Lüftlmalereien anzusehen. Außerdem muss man sich unterhalb der Kirche entscheiden, welchen Weg man zur Hängebrücke nimmt. Wer nicht sicher ist, ob er sich die Brücke zutrauen soll, folgt dem Schild und dem schöneren Weg »Hängebrücke über Schiggen«, bei der Wahl »Hängebrücke über Gföll« gibt es kein Entrinnen, man muss hinüber. Den Tiefblick und das leichte Schwanken in luftiger Höhe sollte man jedoch ertragen können.

Über Gföll: Der Wegweiser »Hängebrücke über Gföll« zeigt hinauf zur Kirche, davor links zum bemalten Haus. Anschließend rechts den Steig aufwärts und über einen kurzen Trampelpfad zum Asphaltsträßchen. Auf diesem links, später rechts und ständig bergan, sind wir auch schon bei der Hängebrücke. Deren Überquerung sollte man genießen, in die tiefe Schlucht und auf Holzgau hinunter schauen und den Blick übers Lechtal und die Berge schweifen lassen.

Über den Wasserfall: Bei der Bushaltestelle noch ein paar Meter weiter und vor dem roten Haus mit Lüftlmalerei links, machen wir uns auf den Weg zum »Simms-Wasserfall«. Beim »Bärenwirt« und vor dem Bach halten wir uns links, dann marschieren wir rechts an der Volksschule vorbei und leicht ansteigend ins Höhenbachtal hinein. Hier sieht man, in welch atemberaubender Höhe die Hängebrücke die Schlucht überspannt. Nach der Bachquerung zeigt das »L« geradeaus zum »Simms-Wasserfall« (der Rechtsabzweig über den Mühlwald ist steil und bei Nässe schwierig begehbar, nur für Geübte!). Wir laufen unter der Hängebrücke durch, passieren neuerlich eine Brücke und den Lawinenkegel, der meist bis weit in den Sommer in der Schlucht liegt. Nach der nächsten Bachquerung steigt der Weg kräftiger an zum bereits sichtbaren **Simms-Wasserfall**, der mächtig durch die Felsen tost. Weiter am munteren Wasser aufwärts, sind wir kurz darauf beim »Café Uta«, wenden uns davor rechts Richtung »Hängebrücke« und müssen noch ein Stück bergan. Hoch über der Schlucht mit nochmaligem Blick auf den Simms-Fall kommen wir zur Höhe und folgen bei einer Holzhütte dem Rechtsabzweig »Hängebrücke«. Gemütlich laufen wir durch den Wald hinab zum Brückenabenteuer.

Vor der Brücke links (wer über Gföll und die Brücke gegangen ist, geradeaus) nehmen wir die Richtung »Holzgau über Schiggen«. Wir kommen aus dem Wald, laufen auf einem Wiesenpfad an einer Holzhütte vorbei und rechts etwas abwärts zum Schilderpfahl »**Schiggen** 1245 m«. Das »L« weist links »Panoramaweg Richtung Bach« durch die Wiese. Feuchtstellen, in denen das Gefleckte Knabenkraut und Wollgras blühen, sind mit Holzstegen überbrückt, die Aussicht ins Lechtal und auf die Berge ums Sulzltal ist wunderschön. Der Weg senkt sich zu einer Fahrwegkurve, geradeaus abwärts zu einem Querweg, diesen links bergan »Berggasthof Jöchelspitze, Panoramaweg Richtung Bach«. Ein Lawinentobel wird gequert, es geht weiter bergan, teilweise mit schönem Blick auf Holzgau.

Dann aufpassen: Es zweigt rechts ein Steig ab, der durch den Wald abwärts führt, unterhalb sieht man die Häuser von Schönau. Noch mal bergan – man schaut ins Sulztal – bergab, bergauf und nach einer Wildfütterung zu einem Forstweg. Auf diesem müssen wir links erneut aufwärts zu einer Gabelung, dort rechts »Schöne Aussicht« zur Sendeanlage und danach auf einem Waldsteig weiter. Es geht neuerlich bergab zu einer kleinen überdachten **Brotzeithütte** mit dem schönen Tiefblick auf Stockach und den Lech. Danach kurzzeitig etwas steiler abwärts, dann wieder gemäßigter auf und ab und zuletzt in Serpentinen hinab zur **Holzbrücke** mit Schindeldach, die den Lech überspannt (gerade über die Brücke ginge es nach **Stockach**).

Links am Ufer auf dem »Joseph Anton Koch-Weg« weiter, halten wir uns an der Verzweigung links ansteigend Richtung »Talstation Jöchelspitzbahn«, am nächsten Abzweig geradeaus (»Benglerwald, Seesumpf, Talstation«). Noch mal schnaufen wir durch den Wald kräftig bergwärts, queren zweimal die Straße und den Parkplatz und gelangen über die Gittertreppe hinauf zur **Jöchelspitzbahn** (Bushaltestelle). Wir laufen zwischen der Talstation und dem Wirtshaus »Lechtaler Hexenkessel« hindurch und gerade den Teerweg abwärts zu einem Quersträßchen vor dem Chaletdorf »Benglerwald«, auf diesem links Richtung »Seesumpf« hinauf zu einem Haus mit Namen »Schwarzer Adler«. Dahinter biegen wir rechts in einen Feldweg ein, der mit schönem Blick ins Madautal durch unglaublich bunte Frühlingswiesen in ein Waldstück führt, in dem eine Brücke die tiefe Bachschlucht überspannt.

Erneut durch Blumenwiesen, kommen wir zu den Häusern von **Seesumpf**, gehen gerade am Haus »Bergfrieden« vorbei, rechts zu den Wegweisern und auf dem Sträßchen links zum sumpfigen See. Bei der Zufahrt zum Weiher rechts ab und den Pfad hinauf, der über eine kleine Kuppe zur **Seesumpfkapelle** führt. Geht man geradeaus und beim nächsten Haus an der Linkskurve rechts »Seesumpfkapelle« (hier noch gerade weiter um die Biegung zum »Landgasthaus Klapf«), spart man sich den allerdings nur kurzen Anstieg. Beide Steige treffen sich wieder, und wir laufen durch den Wald hinunter, kreuzen ein Fahrwegende, dann eine Straße und müssen bei einer Rastbank links Richtung »Bach«. Unten auf dem breiten Weg links ist es nicht mehr weit zur

In schwindelnder Höhe überspannt die Hängebrücke bei Holzgau das Höhenbachtal.

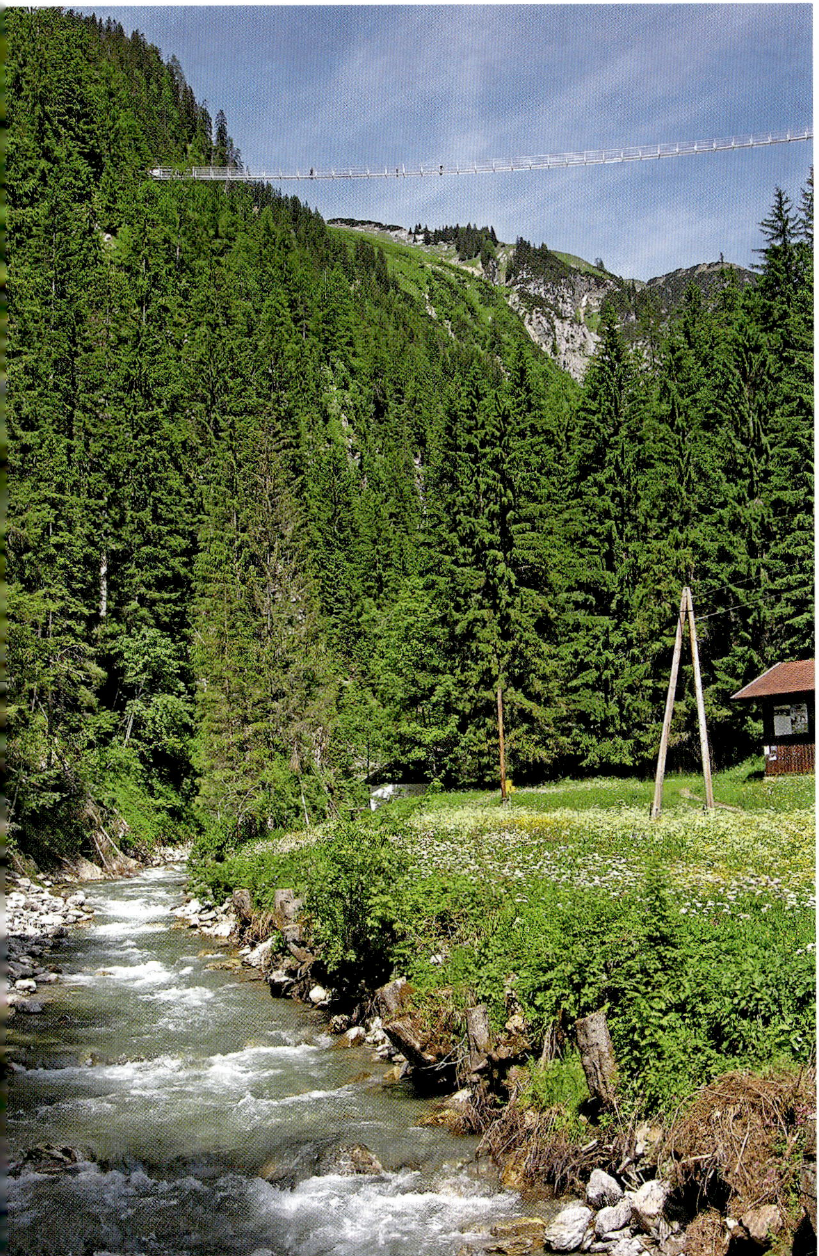

Kirche von **Bach** an der Lechbrücke.

Vor der Brücke queren wir vorsichtig die Hauptstraße und folgen dem Uferweg Richtung »Obergiblen, Schwimmbad«, gegenüber mündet der Alperschonbach. Wir passieren ein Weidegatter, dann entdecken wir den aus Steinen gestalteten »**Bluatschink**«, der im Lech hausen, unvorsichtige Besucher seiner Wasserwelt mit Fangarmen festhalten und verschlingen soll. Der breite Uferweg bleibt zunächst am Fluss, leitet etwas links und zum Schwimmbad (Bushaltestelle »Elbigenalp, Bach Schwimmbad«). Beim Rastplatz kommen wir hinaus zur Straße, dort rechts auf dem begleitenden Rad-/Fußweg neben der Straße einher zur Brücke vor **Grünau**. Schön ist der Blick in den Lechbogen. Vor der Brücke (Haltestelle »Elbigenalp, Grünauer Brücke«) geradeaus weiter und gleich wieder rechts auf den Uferweg, voraus liegt bereits Elbigenalp. Am Abzweig nach Untergiblen gerade weiter bis zur Brücke über den Bernhardsbach, hinter der beim Rastplatz an der Lechbrücke der Toureinstieg zur nächsten Etappe erfolgt. Nach **Elbigenalp** nimmt man gleich hinter dem Bernhardsbach links den Naturweg, läuft am Sendemast vorbei durchs Wäldchen hinauf in den Ort zum Geierwally-Parkplatz und links über die Bachbrücke zur Bushaltestelle »Elbigenalp, Alpenrose«.

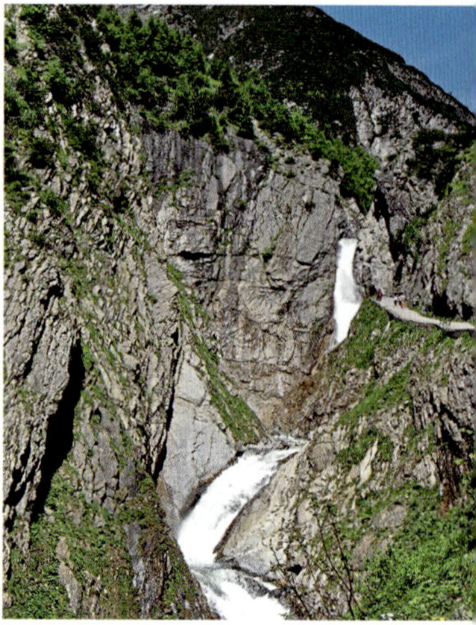

Der Simms-Wasserfall tost durch eine enge Schlucht.

Gegenrichtung

Von der Bushaltestelle »Alpenrose« in **Elbigenalp** geht es über die Bachbrücke und gegenüber vom Geierwally-Parkplatz hinab in die Lechauen. Unten rechts (wer direkt vom Rastplatz an der Lechbrücke kommt geradeaus) über die Bernhardsbachbrücke. Am Abzweig nach Untergiblen gerade am Lech weiter und zur Straße, dort links zur Bushaltestelle und Brücke nach **Grünau**. Davor geradeaus und auf einem Rad-/Fußweg neben der Straße einher, vor dem Parkplatz des Schwimmbades (Bushaltestelle) links zum Uferweg. Auf breitem Weg am Fluss entlang, zum »**Bluatschink**«, anschließend durchs Weidegatter und auf dem Uferweg schön auf die die Berge und die Kirche von **Bach** zu.

Vor der Lechbrücke vorsichtig über die L 198, rechts hinauf zur Kirche und gerade am Friedhof vorbei Richtung »Stockach«, kurz danach bei einer Bank mit Lechblick rechts den Steig hinauf in den Wald. Bei einer weiteren Rastbank rechts weiter aufwärts, eine Straße queren und Richtung »Seesumpfkapelle, Klapf« den Steig durch den Wald bergan, das Fahrwegende kreuzen und schließlich links zur **Seesumpfkapelle** (oder geradeaus bis zur Straße – rechts Abstecher zum nahen »Berggasthof Klapf« – auf dieser links zum Weiher). Bei den Bänken an der Kapelle den Pfad gerade über die kleine Kuppe, dann hinab zu einem Sträßchen vor dem See und Sumpf. Links zu den Häusern von **Seesumpf**, dort rechts zum Haus »Bergfrieden« und geradeaus Richtung »Benglerwald« wieder ins Grüne. Wunderschöner Blick ins Gebiet der Talstation der Jöchelspitzbahn und zur Peischelspitze am Eingang des Sulzltals. Durch ein Wäldchen mit einer Brücke über die tiefe Bachschlucht, wieder hinaus in die frühlingsbunten Blumenwiesen und zu einem Haus. Dahinter links das Sträßchen abwärts und bei dem Chaletdorf »Benglerwald« rechts hinauf zur **Jöchelspitzbahn** (Bushaltestelle).

Zwischen Talstation und Wirtshaus »Lechtaler Hexenkessel« gerade zu einer Gittertreppe, diese hinab und Straße und Parkplatz queren. Dahinter beginnt ein Steig, der abwärts läuft, zweimal die Straße kreuzt und durch den Wald hinunterführt zum Lechufer, an diesem gerade weiter. Bei der überdachten **Holzbrücke** (links hinüber ginge es nach **Stockach**) rechts ab in den Steig »Schöne Aussicht«, der im Verlauf mal stärker, mal weniger kräftig ansteigt, eine überdachte kleine Rasthütte (schöner Blick auf Stockach) und eine Sendeanlage passiert und in einen Forstweg mündet, diesen links abwärts. Bei einer Wildfutterhütte rechts ab in den Steig, der ein wenig auf und ab läuft, einen hübschen Blick auf Schönau bietet und wieder auf einen Forstweg trifft, diesen links abwärts.

Man kommt aus dem Wald, schöner Blick auf Holzgau und die Berge von Steeg bis Warth. Weiter bergab und den Lawinentobel queren, dann den Rechtsabzweig nehmen und den Fahrweg aufwärts Richtung »Hängebrücke über Schiggen«, an der Rechtskurve geradeaus abzweigen in den Steig (»Hängebrücke«). Auf dem Panoramaweg mit herrlicher Sicht auf die Berge und ins Lechtal geht es teils über Holzstege durch die Wiesen, auf die Holzhäuser von **Schiggen** zu. Beim Schilderpfahl rechts, dann links an der Holzhütte vorbei und durch den Wald zur **Hängebrücke** (hinüber zum Weg über Gföll).

Davor zweigt ein Steig links ab nach Holzgau, der jedoch steil durch den Mühlwald hinunter führt und bei Nässe schwierig und nur für Geübte machbar sein kann. Wer also nicht über die Brücke gehen oder von Haus aus den schöneren Weg über den Simms-Wasserfall und durch die Schlucht nehmen möchte, wendet sich vor der Brücke rechts »Holzgau über Wasserfall«, folgt dem Steig durch den Wald aufwärts zu einem Querweg und diesem links zur Höhe, zum ersten Tiefblick in die Schlucht mit dem Wasserfall und hinab zum »Café Uta«. Dort scharf links und nun immer bergab zum **Simms-Fall**, anschließend durch die romantische Höhenbachschlucht sowie unter der himmelhohen Hängebrücke hindurch nach **Holzgau** zur Hauptstraße, an dieser rechts entlang, zur Bushaltestelle »Holzgau Dorf«, bei der auch der Weg über Gföll ankommt.

Über Gföll: Etwas kürzer ist die Route über die Hängebrücke. Auf der anderen Seite links auf dem Teersträßchen bergab (»Dorfplatz Holzgau«), noch mal links und am Ende eines Steinmäuerchens rechts den Wiesenpfad zu einem schmalen Weg, diesen links weiter zu einem bemalten Haus. Hier links zur Kirche (oder gleich gerade abwärts zum Gasthof »Waldrast«) und rechts hinunter ins Zentrum von **Holzgau** mit den eindrucksvollen Fassadenmalereien an den Häusern. Unten an der Hauptstraße rechts, vorbei an der Bushaltestelle.

Gemeinsam weiter und vor dem Haus »Fichtenhof« rechts abzwei-

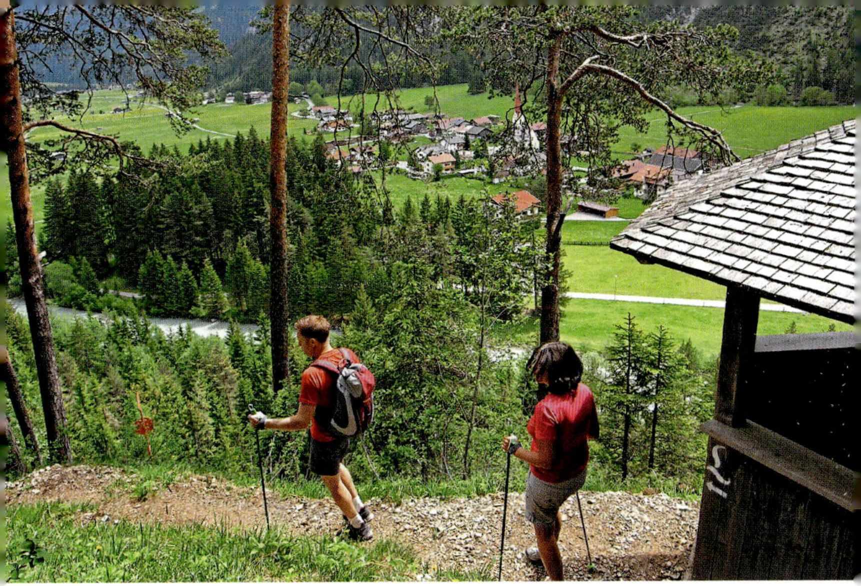

Oft geht es auf schönen Steigen in den Hängen dahin. Man schaut ins Tal, hier auf Stockach, und läuft wieder hinab zum Lech.

gen, auf einem Weg abseits der Straße zum Gasthof »Waldrast«. Die L 198 queren, am Bachufer Richtung »Jochweg Dürnau, Steeg« hinaus in die Wiesen, rechts übers Brücklein und zur **Lechbrücke**. Hinüber und geradeaus (gleicher Wegweiser), der Linkskurve über das wilde Bachbett folgen und direkt danach rechts »Jochweg nach Steeg«. Auf einem Waldpfad neben dem Bach sanft aufwärts, rechts über die Bachbrücke und auf dem Fahrweg zu den Häusern von **Dürnau**.

Zuvor links »Jochweg nach Steeg« wieder in den Wald. Der Forstweg kurvt hinab zum Lech. Unten links und an der Gabelung rechts, führt der Weg reizvoll am Ufer entlang, steigt über einem Geröllgeschiebe etwas an und ermöglicht einen wunderschönen Blick zum Karhorn und Warther Horn. Wieder hinab zum Lech und zur **Kneippanlage**, dahinter der hohe **Griesbach-Wasserfall** (Rast- und Grillplatz). Anschließend über die Lechbrücke bei **Hägerau** und links weiter nach »Steeg«. Vom Sportplatz noch gerade zum Bad Aqua Nova und dahinter rechts durch den Parkplatz zum Hotel »Post«. Links findet sich die Käserei in **Steeg**, rechts der Holzschnitzer und die Bushaltestelle.

Sehenswert, wissenswert

→ **Holzgau** (1114 m, 460 EW) hat im Jahr 2012 mit der **Fußgängerhängebrücke** über das Höhenbachtal eine echte Attraktion bekommen. In 110 m Höhe überspannt sie die wildromantische Schlucht und ist mit ihren 200,5 m die derzeit zweitlängste in Österreich. Gehalten wird die Konstruktion von zwei 5 m hohen Pylonen, die 1 m breite Lauffläche ist mit Gitterrosten belegt, der Handlauf 1,30 m hoch. Nachts wird das Bauwerk mit LED-Lampen beleuchtet und ist auch vom Tal aus zu sehen. Der erste »Faden« über die Schlucht wurde übrigens mit einem Modellflugzeug gespannt.

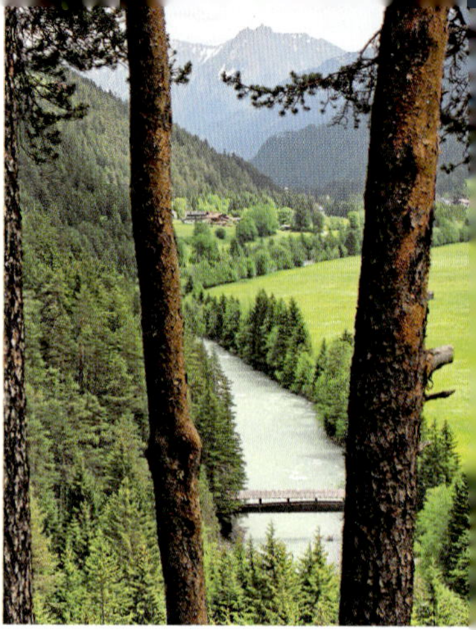

Die überdachte Holzbrücke führt hinüber nach Stockach.

Im Ort finden sich prachtvolle **Häuserfassaden** mit spätbarocker Lüftlmalerei, die den Reichtum der in den Jahren 1780–1840 aus den Niederlanden nach Hause zurückgekehrten Händler demonstrierten. Erfinder dieser haltbaren Fassadenmalerei war übrigens Franz Seraphin Zwinck (1748–1792) aus Oberammergau. Er lebte dort im Haus »Zum Lüftl« und bezeichnete sich nach dem Hausnamen als »Lüftlmaler«. Die **Pfarrkirche** Maria Himmelfahrt wurde 1858 neu gestaltet, von der Rokokoausstattung sind Altarbilder von Johann Jakob Zeiller und Joseph Keller, der auch das Deckenfresko malte, erhalten. Beachtenswert neben der Kirche ist die gotische Sebastiankapelle von 1497 mit Fresken aus der Erbauungszeit. Das **Heimatmuseum** präsentiert Sammlungen zu den Lebensgewohnheiten der frühesten Lechtalbewohner (zugänglich nur mit Führung, Anmeldung übers Tourismusbüro, Tel. 0043/(0)5633/5356).

Ein urig-rustikales Erlebnislokal nahe dem Zentrum ist die »Dorf-Alm« (Zugang südlich vom Hotel »Neue Post«) mit einer **Schaubrauerei**. Bei einer Führung mit anschließender Bierprobe in der »Dorf-Alm« kann man sich erklären lassen, wie das süffige »Stricker Bier«

hergestellt wird (Anmeldung erforderlich , Tel. 0043/(0)5633/5586), Gasthaus geöffnet von Christi Himmelfahrt bis Mitte Oktober ab 16 Uhr, Biergarten ab 14 Uhr (Di. Ruhetag).

→ **Simms-Wasserfall** Er wurde nach dem 1863 in Hamburg geborenen, aber in England lebenden Großindustriellen und Automobilpionier Frederic(k) Richard Simms benannt, der sich am Wiener Hof nach einem wildromantischen Jagdrevier erkundigte und auf persönliche Empfehlung von Kaiser Franz Josef im Alter von 30 Jahren erstmals nach Holzgau kam. Bis 1939 übte er dort die Jagd aus, 1944 verstarb er in der Nähe von London.

Ende des 19. Jahrhunderts bahnte Frederic Simms, der auch ein großer Gönner der Region war, dem Höhenbach durch Sprengungen den Weg durch die Felsen und gab ihm damit seinen ursprünglichen Lauf zurück. Der so entstandene 30 Meter hohe Wasserfall, in dessen Nähe die Luft besonders sauerstoffreich ist, wurde nach ihm benannt, ebenso die Hütte im Sulzltal, deren ursprünglichen Bau er ebenfalls finanzierte (siehe Extra-Touren unter Sulzltal).

→ **Bach/Stockach** (1070 m, 680 EW) und der Ortsteil Schönau besitzen auf der Nordseite des Lechs mit der **Jöchelspitzbahn** die einzige Bergbahn im Lechtal zwischen Warth und Höfen. Von der Bergstation (1768 m) geht es über den **Botanischen Lehrpfad** zur Jöchelspitze (2226 m, 1½–2 Std.) Zuvor trifft man beim Lachenkopf noch das **Bergheumuseum** an, das das mühsame Leben der ursprünglichen Lechtaler Bevölkerung veranschaulicht und wie beschwerlich das (Über-) Leben der Bergbauern war. Auch wird die kulinarische Tradition gepflegt, den Besucher erwarten Genüsse und Schmankerl aus der Tiroler Küche (zugänglich im Zuge der naturkundlichen Wanderung, jeden Do. 9.30 Uhr, Treffpunkt Jöchelspitzbahn-Talstation, Mitte Juli–Anf. Sept. ohne, Anf. Juni–Anf. Juli mit Anmeldung beim Tourismusbüro Elbigenalp).

Jöchelspitzbahn: Juli–Anf. Okt. täglich 9–12 und 13–17 Uhr, Juni und Okt. nur am Wochenende, Tel. 0043/(0)5634/6207, www.lechtaler-bergbahnen.at.

Extra-Touren

Nach Süden zweigen zwei weitere schöne Seitentäler des Lechtals ab, das Sulzl- und das Madautal.

Durch das **Sulzltal**, das bei Stockach beginnt (Parkplatz »Sulzlalm« nahe der Lechbrücke) und zum Auftakt mit einem Wasserfall und Höhlendurchgängen überrascht, gelangt man in etwa 1½ Std. zur bewirtschafteten **Sulzlalm** (1466 m, etwa Mitte Mai – Mitte Okt.) oder noch etwa 1½ – 2 Std. weiter zur Frederic-Simms-Hütte an der Flanke der Wetterspitze (2004 m, etwa Mitte/Ende Juni–Anf. Okt.).

Ins **Madautal** führt ein für den Allgemeinverkehr gesperrtes und auch für Radler geeignetes Asphaltsträßchen vorbei an Wasserfällen in ca. 2–2½ Std. nach **Madau** (1310 m). Der kleine Ort besitzt eine Kapelle von 1629 mit einem Altar von 1735. Derzeit keine Einkehr im Berggasthaus »Hermine« (Ende Mai bis Anf. Okt., Mi. Ruhetag). Oder man nimmt nach 3 km den abzweigenden Madauer Höhenweg nördlich des Alperschonbachs, dessen Schlucht über eine 64 m hohe Brücke gequert wird. Südlich von Madau erhebt sich die Saxer Wand, in der die Geierwally (siehe Elbigenalp) ein Adlernest ausnahm.

→ **Lechwegschleife Nr. 3,** Bach – Seesumpf – Gibler Alm – Bernhardsbach – Kasermandl – Köglen – auf Lechweg zurück: Bach. ca. 18 km, 9 Std.

→ **Elbigenalp** (1039 m, 850 EW) ist der Hauptort und die älteste Siedlung des Lechtales. Es wurde 1488 erstmals urkundlich erwähnt, der Name ist eine Ableitung der früheren Ortsbezeichnung »Albige Alpe«. Elbigenalp war die Urpfarre und das Zentrum des Lechtals, gehörte im Mittelalter zum Rodungsgebiet des Klosters Füssen und somit zum Bistum Augsburg.

Schon Königin Maria von Bayern, die Mutter von König Ludwig II., wusste die Schönheit des Ortes zu schätzen und verbrachte seit 1867 alljährlich mehrere Monate im Ort, wobei sie viel Gutes für die Armen tat. An ihrem Haus, dem heutigen **Hotel »Post«** an der Hauptstraße, erinnert an der Fassade im 1. Stock ein Stuck-Portrait an sie. Das Haus wurde 1826 von dem Maler und Lithographen **Johann Anton Falger**

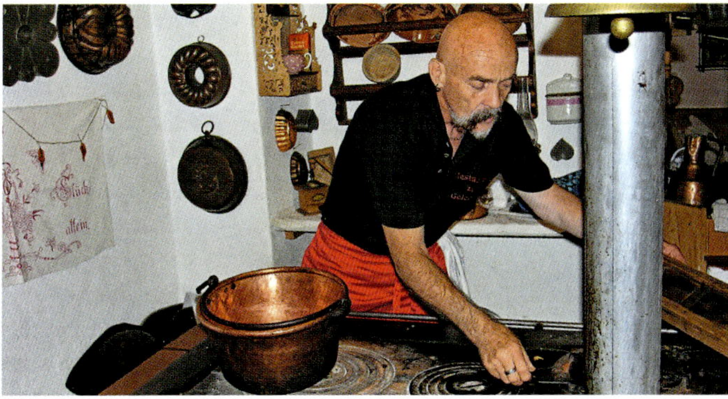

Im »Restaurant zur Geierwally« kocht Wirt Guido am offenen Herd in der Gaststube Tiroler Spezialitäten.

erbaut, der hier nach langen Jahren im Ausland eine Zeichenschule gründete, die der Vorläufer der heutigen Schnitzschule war. Nach seinem Tod 1876 vermachte er das Haus aufgrund der langjährigen Freundschaft der Königin-Mutter, die es nach ihrem Tod 1889 der Gemeinde Elbigenalp überließ.

Viele der Künstler zogen aus finanziellen Gründen ins Ausland, geblieben sind der **Fassadenschmuck** und die Scheinarchitektur an alten Bauernhäusern. Auch die Blumen- und Portrait-Malerin Anna Stainer-Knittel (1841–1915, Geburthaus in Untergiblen Nr. 4) war eine Schülerin von Falger und ein frühes Beispiel der weiblichen Emanzipation. Sie wurde als **Geierwally** berühmt, da sie – als kein Mann dazu bereit war – mit 17 Jahren furchtlos in die Saxerwand stieg und ein Geiernest ausnahm, das eigentlich ein Adlerhorst war, doch bezeichnete der Volksmund damals alle großen Greifvögel als Geier. Ihr wechselvolles Leben fand 1993 als Uraufführung der **Freilichtbühne** in der Bernhardstalschlucht ihren kulturellen Niederschlag (Spielzeit Juli und August um 20.30 Uhr, Kartenvorverkauf über das Tourismusbüro, Abendkasse an Spieltagen ab 18 Uhr, Spiel- und Sitzplan im Internet unter www.geierwally.at). Zur Freilichtbühne gelangt man vom Parkplatz »Geierwally-Freilichtspiele« vorbei an der Holzschnitzschule.

Neben der **Pfarrkirche** St. Nikolaus (Gemälde von Johann Jakob Zeiller, 1776, Taufstein von 1401) steht die älteste Kirche des Lechtals, die **Martinskapelle** (1489) mit einem Totentanz von Johann Anton Falger (1840, ein weiterer an der Innenseite der Friedhofsmauer) und dem Beinhaus (in der Kapelle die Treppe hinab). Elbigenalp ist als Nordtiroler **Zentrum des Schnitzhandwerks** weit über die Grenzen hinaus bekannt und besitzt mit einer Fachschule für Kunsthandwerk (Ausstellungsraum geöffnet Mo.–Fr. 8–12 und 13.30–17 Uhr, Di. nur 8–12 Uhr) die einzige Schnitzschule Österreichs. Außerdem gibt es im Ort wie auch in anderen Lechtalgemeinden meisterliche **Schnitzereibetriebe**, in denen man Kunstwerke erstehen kann. Es werden auch Schnitzkurse für Hobbykünstler angeboten. 2015 eröffnete das sehenswerte Museum »Wunderkammer« (Mi.–Sa. 14–18 Uhr).

Geht man an der Hauptstraße entlang, trifft man auf die **Schaubrennerei** »Lechtaler Haussegen«, die für ihre Edelbrände mehrere Auszeichnungen erhalten hat (Degustation und Verkauf Di.–Fr. 15–18 Uhr). Die Hauptstraße weiter zum Hotel »Post«, gelangt man dahinter zum »**Restaurant zur Geierwally**«. Mit seiner musealen Einrichtung, Originalbildern und Exponaten zur Geierwally sowie einer eigenen Falger-Stube ist es fast Heimatmuseum-Ersatz. Die lebensgroße Figur der Anna Stainer-Knittel hat der Holzschnitzer Schnully in Obergiblen gearbeitet. Sie ist in die originale Lechtaler Tracht gewandet. Fragt man den Wirt, weiß er viel über diese Persönlichkeiten zu erzählen. Jeden Montag um 19 Uhr werden Tiroler Spezialitäten im Restaurant am offenen Herd zubereitet, Voranmeldung nötig. (Mi. und So. Ruhetag, sonst geöffnet ab 17 Uhr, für Gruppen auf Anfrage auch mittags, Tel. 0043/(0)5634/6405).

Extra-Tour

Beim Zugang zur Freilichtbühne geht es auf den **Geierwally-Rundwanderweg**, den man in etwa 2½ Std. absolvieren kann und auf dem 400 Höhenmeter zu bewältigen sind.

Seit dem Sommer 2014 gibt es in Untergiblen beim Skilift Knittel (westl. Ortsausgang von Elbigenalp) die **Sommerrodelbahn** »Wally-Blitz«. Außer bei Regenwetter tägl. 10–17.30 Uhr, Tel. 0043/(0)699 16240004, www.knitteltirol.at.

5. Etappe

Von Elbigenalp nach Vorderhornbach

Wundersamer Wasserfall, Panoramawege, Orchideenzauber

Start Elbigenalp (1039 m), Rastplatz an der Lechbrücke. Gegenrichtung: Vorderhornbach (974 m), beim Gemeindeamt.
Verkehrsanbindung Bus 110, Haltestelle »Elbigenalp Hotel Alpenrose«. Gegenrichtung: Haltestelle »Vorderhornbach Dorf«.
Gehzeiten Etwa 5–6 Std. (17 km). Varianten siehe dort.

Elbigenalp – Grießau ¾ Std. (3 km) – Häselgehr 1 Std. (4 km) – Doserfall ¼ Std. (1 km) – Scheitelpunkt, Steigbeginn ¾ Std. (2 km) – Wildfütterung, Abzweig Elmen ½ Std. (2 km, nach Elmen ½ Std., 2 km) – Scheitelpunkt oberhalb Martinau 1¼ Std. (3 km) – Vorderhornbach ½ Std. (2 km).

Gegenrichtung: Etwa 5 ¼–6 Std. (17

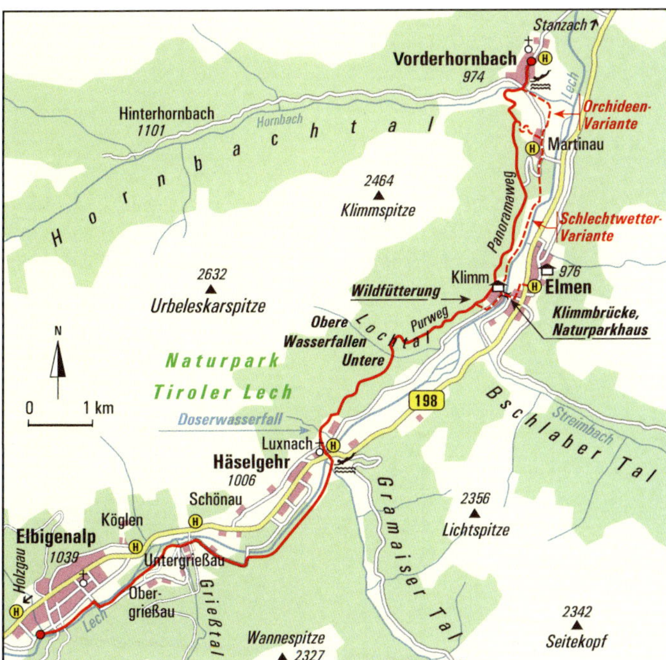

km). Vorderhornbach – Scheitelpunkt ¾ Std. (2 km) – Wildfütterung, Abzweig Elmen 1¼ Std. (3 km) – Scheitelpunkt, Steig-Ende ¾ Std. (2 km) – Doserfall ½ Std. (2 km) – Häselgehr ¼ Std. (1 km) – Grießau 1 Std. (4 km) – Elbigenalp, Rastplatz am Lech ¾ Std. (3 km, in den Ort + ca. 8 Min.).

Charakter Leichte Bergwege und teils mittelschwere Steige, flach im Lechtal. Hinter Häselgehr immer wieder bergauf, bergab. Etwas Kondition erforderlich. Alternativ (auch wegen besserer Nächtigungsmöglichkeiten) Etappenende in Elmen planen, am nächsten Tag ab Vorderhornbach dafür die Variante über den Baichlstein und bis Stanzach gehen. Aussichtshöhepunkte: immer wieder von den Hangsteigen.

Einkehr In Elbigenalp und Vorderhornbach, bei verkürzter Strecke auch in Elmen. In Häselgehr Kiosk im Freibad, Gasthäuser im Ort.

Baden In Häselgehr Schwimmbad nahe der Lechbrücke, Ende Mai–Mitte Sept. bei gutem Wetter 9–19 Uhr; in Vorderhornbach Naturerlebnisbad »Badino« mit Bistro, je nach Wetter Mitte Mai–Sept. tägl. 9–19 Uhr, an warmen Tagen bis 21 Uhr.

Wegverlauf

Von Elbigenalp geht es auf der Ostseite der Bachbrücke gegenüber des Geierwally-Parkplatzes Richtung »Lechauen« durchs Wäldchen in etwa 5 Minuten zum Lech und links zum Rastplatz an der **Lechbrücke**. Hier sind wir wieder auf dem Lechweg, folgen vor der Brücke geradeaus der Richtung »Köglen« und dem Radweg und biegen kurz darauf rechts ab in den Uferweg. Der Steig begleitet den rauschenden Fluss, der gegenüber von einem Steilhang begrenzt wird, zur Straßenbrücke nach Grießau. Hier verlassen wir den bisherigen Lechweg, gehen rechts hinüber und auf der anderen Seite entlang der Straße weiter,

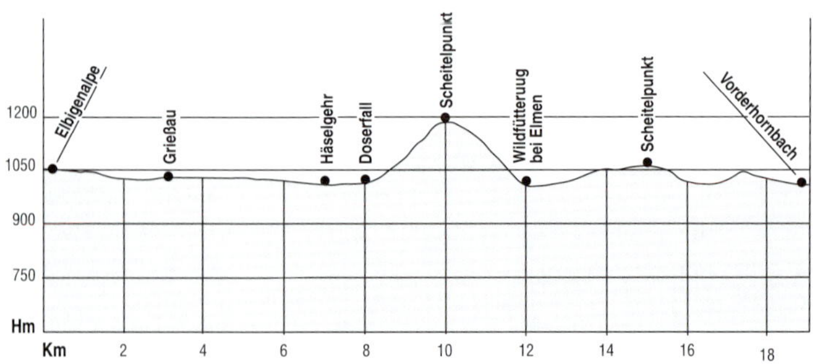

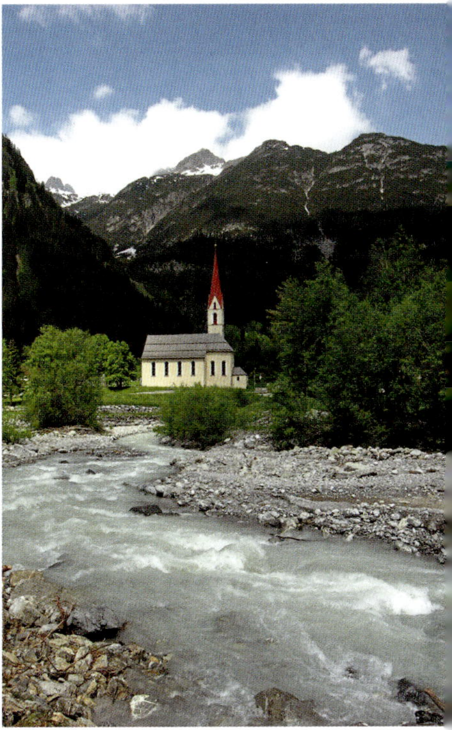

Nahe der Kirche von Häselgehr mündet der Otterbach in den Lech.

dann wendet sich der Lechweg vor dem Ende des Wäldchens links, führt hinaus zur Wiese und an deren Rand und nicht weit vom Fluss zum Beginn des nächsten Waldstücks. Ein romantischer Pfad leitet zwischen den Bäumen hindurch zum Lechufer und zu einem wieder eröffneten alten Flussarm. Vor diesem rechts, folgen wir dem Pfad an dessen Ufer durch die große Wiese und ins nächste Wäldchen. Dort verlassen wir das kristallklare Wasser und laufen innerhalb des Fichtenrands weiter, schließlich im Rechtsbogen hinein nach **Grießau**.

Nach links queren wir den Grießbach und laufen an der Kreuzung (links und über den Lech zur Bushaltestelle »Grießauer Brücke«) geradeaus weiter zur nächsten Straße. Rechts und nun wieder auf dem alten Lechweg, verlassen wir das Dorf. Der Teer hört auf, ein Kruzifix steht am Wege. Geradeaus weiter, führt ein Feldweg durch die Wiesen. Der Einschnitt zur Rechten ist das reizvolle Grießtal, das eine Schlucht durchzieht und in dem in einem grünen Kessel die gastliche Grießbachalm liegt (Extra-Tour). Wir treffen auf ein Teersträßchen, auf diesem links zur nahen Lechbrücke (gerade hinüber ginge es direkt hinein nach Häselgehr). Davor nehmen wir rechts den Lechuferweg und folgen immer dem Fluss, der hier bereits größere Kiesbänke aufweist, die das Wasser immer wieder umlagert. Hinter

Häselgehr erhebt sich der Heuberg mit umfangreichen Lawinenverbauungen.

Beim nächsten Linksbogen tauchen die Gipfel der Hornbachkette auf, deren höchster die Urbeleskarspitze ist, wenig später ist auch die Kirche von Häselgehr zu sehen. Der Weg führt weg vom Fluss und durch ein Waldstück zur Brücke über den Otterbach, der durch eine enge Schlucht das Gramaiser Tal verlässt und gegenüber der Kirche in den Lech mündet. Vor dem Parkplatz beim Freibad weist das »L« links auf den naturbelassenen Damm, der ums Bad herum läuft. Wunderschön steht die Kirche von **Häselgehr** hinter dem Fluss und vor den hohen Bergen. Noch ein kurzer Steig hinauf zur Hauptstraße (Bushaltestelle »Abzweig Gramais«) und links über die Lechbrücke, dann sind wir bei der sehenswerten Kirche.

Davor müssen wir rechts »Doserwasserfall, Elmen«, geradeaus abwärts, an der Kreuzung links. Der Weg steigt an, rechts voraus die Bschlaber und Elmer Kreuzspitze. Durch lichten Wald kommen wir zu einer Wildfutterhütte, gleich danach zum **Doserwasserfall**. Nach einem kleineren Bächlein geht es hinaus in die Wiesen und zu einem Schilderpfahl. Rechts etwas abwärts, zweigen wir an der scharfen Rechtskurve (nach einem Holzschuppen in der Wiese) geradeaus ab in einen gut erkennbaren Wiesenpfad und laufen hinauf ins Wäldchen. Weiter den schmalen Steig aufwärts, bis dieser in den Fahrweg mündet.

Auf dem Forstweg rechts gemächlich bergan, kurz darauf rechts ab in einen Steig »**Purweg**, Höhenweg nach Elmen«. Wir spazieren gemütlich im Waldhang dahin, müssen noch mal kurz ansteigen und treffen auf eine scharfe Fahrwegkurve mit Wegweisern. Links geht es weiter bergwärts, wir kreuzen den Wasserfallbach, es öffnet sich ein erster Blick auf Elmen, und der Wirtschaftsweg endet. Nun auf einem Steiglein anfangs steil, dann etwas gemäßigter durch den Wald hinunter ins Lochtal und über den Bach neuerlich zu einem Forstweg. Dieser führt rechts mäßig bergab, unterhalb liegen ein paar kleine Tümpel, man sieht den Lech und den Streimbach, der aus dem Bschlaber Tal kommt. Dann sind wir bei der großen **Wildfütterung** (Variante nach **Elmen** oder Schlechtwetterweg) und nehmen links den ansteigenden

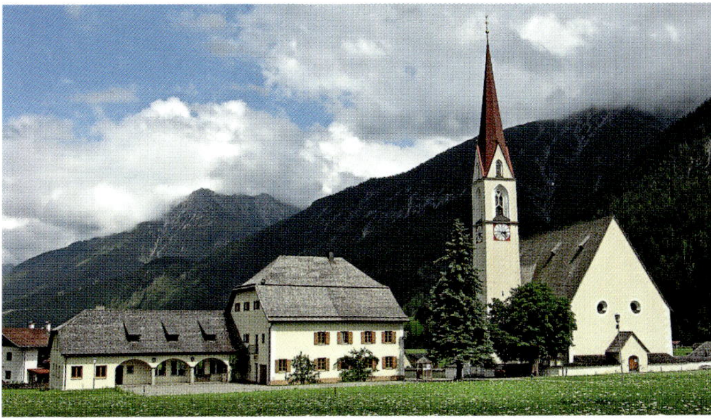

Die Kirche in Elbigenalp ist sehenswert, ebenso die dortigen Totentanzdarstellungen von Johann Anton Falger.

»Panoramaweg« nach Martinau, Kurz darauf könnte man auch rechts (»Klimm, Elmen«) über einen Steig zur Klimmer Brücke und nach Elmen gelangen (siehe Varianten).

Auf der anderen Talseite sind die Auffahrt nach Bschlabs, ein Stückchen vom Streimbach und später am Lech auch die Klimmbrücke zu sehen. Es geht wieder flacher dahin in Richtung »Martinau«. Nach dem Wendeplatz beginnt ein abwechslungsreicher Fußweg. Mal stärker, dann wieder flacher ansteigend oder abfallend, hin und wieder einen Bacheinschnitt mit oder ohne Wasserfälle querend, läuft der Weg nun im Osthang der Klimmspitze dahin. Es öffnen sich schöne Ausblicke ins Lechtal bis zu den Tannheimer Bergen. Auf einem **Felsvorsprung** steht eine Bank, von der aus man die schöne Ansicht von Elmen genießen kann. Hinter dem Ort ragen die Elmer und die Bschlaber Kreuzspitze auf, den Eingang zum Bschlaber Tal bewacht die Lichtspitze. Unter die Fichtenmonokulturen mischen sich erste Lärchen und Buchen.

Nach einem weiteren kräftigen Anstieg erreichen wir eine Forstwegkehre und gehen geradeaus durch den Wald bergauf. Beim Treff auf die nächste Fahrwegkurve mit Jagdansitz und Bank haben wir

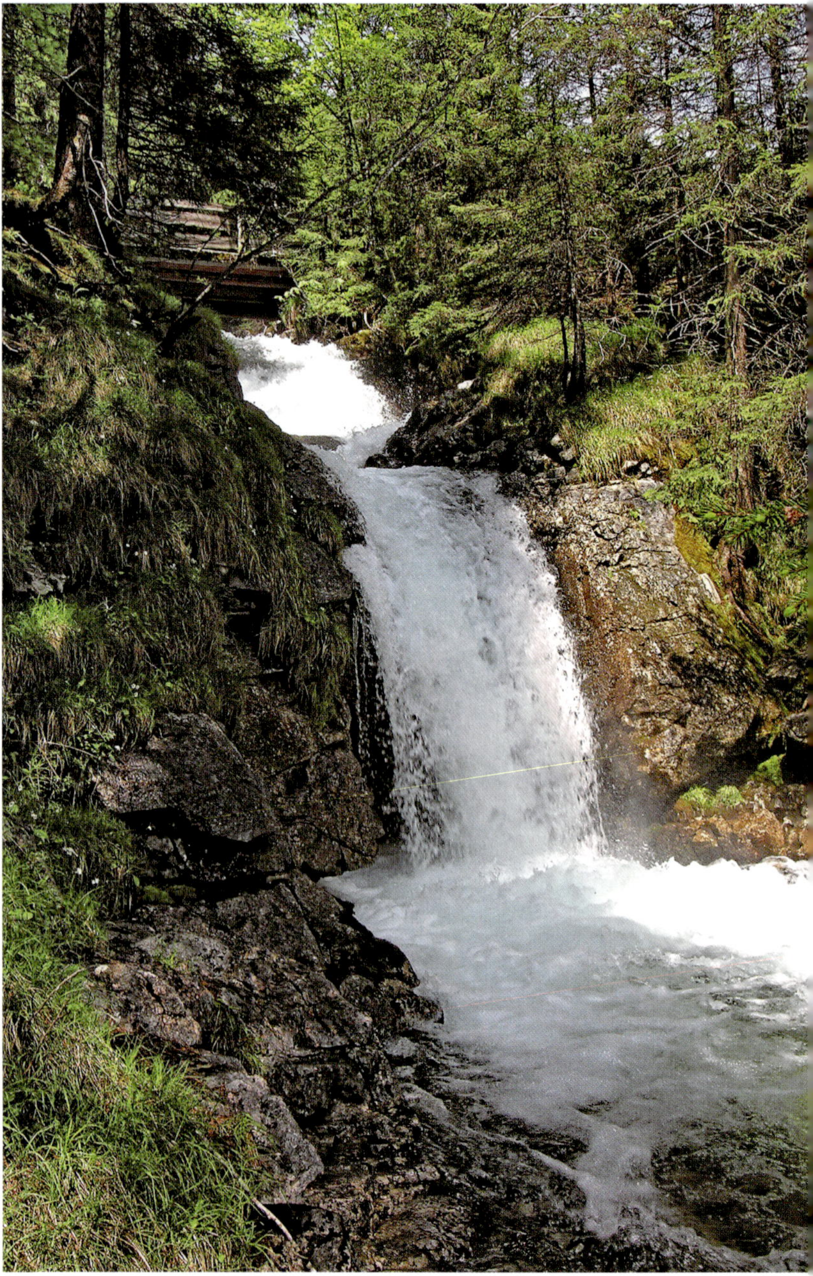

wiederum einen **Scheitelpunkt** erreicht und spazieren gerade abwärts. Der Wald spendet nun etwas mehr Schatten. Noch nicht bei der Gabelung, sondern erst etwas später an der scharfen Rechtskurve führt – den alten Weg nach Martinau verlassend – links der neue Weg etwas ansteigend zur Wiese beim alten Lift, einem **Aussichtspunkt** mit schönem Blick auf Vorderhornbach und übers Lechtal. Geradeaus weiter, laufen wir auf einem Pfad den steilen Wiesenhang hinunter und achten auf den Linksabzweig, der zunächst durch ein lichtes Fichtenwäldchen und zu einem Forstweg führt. Auf diesem rechts, nehmen wir an der Rechtskurve mit einer Bank geradeaus den kurzen Steig hinab zur Hornbachbrücke. Hinüber und hinauf nach **Vorderhornbach** zum Gasthof »Kreuz« mit gleichnamiger Bushaltestelle (rechts zum Gasthof »Rose«), gerade zur Stop-Straße am Abzweig nach Hinterhornbach und über die Kreuzung. Am Brunnen vorbei und rechts aufwärts (links zur Variante über den Baichlstein), kommen wir nahe an der Kirche vorbei zur Hauptstraße und Bushaltestelle beim Gemeindeamt, vor dem es links an der Feuerwehr vorbei in die Wiesen und auf die nächste Etappe geht.

Varianten

→ **Nach Elmen** Bei der Wildfütterung kann man noch links ansteigend zum Abzweig eines Steiges (»Klimm, Elmen«) gelangen, der rechts abwärts und unten rechts zur Klimmer Brücke führt. Bequemer (vor allem bei Nässe) und nahezu zeitgleich geht es schon bei der Wildfütterung auf dem Forstweg rechts abwärts und aus dem Wald. Auf dem geteerten Radweg gerade abwärts nach Klimm, zur **Klimmer Brücke** (links auf den Schlechtwetterweg), bei der der Lech seine Renaturierung selbst in die Hand genommen hat, und über den Fluss. Hinter der Kapelle links, dann rechts und unter der L 198 durch hinein nach **Elmen**, zur Übernachtung oder zum Bus »Elmen Dorf« (ca. ½ Std., 2 km).

Zurück zum Lechweg: Von der Bushaltestelle nördlich des Gemeindeamts die Straße links zur Unterführung der L 198, links zur Kapelle, rechts über die Klimmer Brücke und geradeaus weiter. Vor dem Haus

Der sagenumwobene Doserwasserfall.

»LechZeit« zeigt ein Schild links den Hang hinauf, hinter dem Zaun den Steig weiter bergan bis zum Hauptweg (knapp ½ Std.), dort rechts Richtung Martinau, Gegenrichtung links.

→ **Schlechtwetterweg** Hierzu bietet sich auf der Westseite der Klimmer Brücke der asphaltierte Lechtal-Radweg Richtung »Reutte« nach **Martinau** an. Nach der Rechtskurve geradeaus, vorbei am Hotel-Restaurant »LechZeit« (Do. Ruhetag) und flach im Tal entlang, in Martinau an der Hauptstraße links, als nächstes wieder links, an der Bushaltestelle und Kirche vorbei, dann rechts ab und wie die folgende Variante Orchideenblüte zur Hornbachbrücke (von der Wildfütterung ca. 1 ¼ Std., 5 km, von der Klimmbrücke ca. 1 Std., 4 km).

→ **Orchideenblüte** Zur Blütezeit des Frauenschuh lohnt es hinab nach **Martinau** zu gehen, an der Hauptstraße kurz links, dann rechts ab in den Weg mit Sperrschild. Weiter auf dem Rad- und Wanderweg zum **Frauenschuhgebiet**, danach links auf dem Waldweg zum Parkplatz und Hornbach, links weiter zur Hornbachbrücke und nach Vorderhornbach (Umweg + ca. ¼ Std., 1 km).

Gegenrichtung

Wir sind an der Feuerwehr vorbei zur Hauptstraße beim Gemeindeamt gekommen, gehen schräg rechts über die Straße, dann links den Weg mit den Leuchten und nahe der Kirche vorbei, hinab zur nächsten Straße (Variante vom Baichlstein kommt hinzu). Jetzt links am Brunnen vorbei zur Kreuzung (Abzweig Hinterhornbach, in der Nähe die Gasthäuser und Bushaltestelle »Kreuz«). Gerade hinab zur **Hornbachbrücke** (Varianten Orchideenblüte und Schlechtwetterweg).

Auf der anderen Seite scharf rechts, dann links haltend den kurzen Steig hinauf zur Bank am Forstweg. Auf diesem rechts weiter (der bisherige Weg ging links) und bald schon links abzweigen in einen Pfad. Ansteigend durch Wald zu einer Wiese, nun steiler hinauf zum Aussichtspunkt beim alten Lift. Gerade abwärts zur Fahrwegkurve (geradeaus ginge es hinab nach Martinau) und, wieder auf dem alten Weg, rechts bergan bis zu einer Rechtskurve mit Jagdansitz und einer Bank, dem **Scheitelpunkt**. Hier geradeaus in einen weiteren Forstweg,

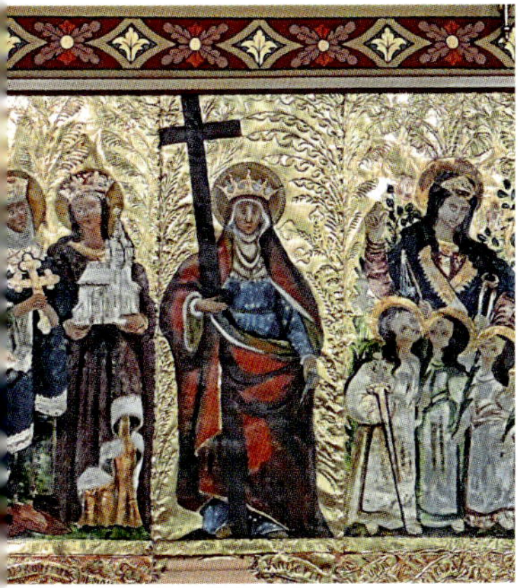

Wandschmuck in der Kirche von Häselgehr.

der nun bergab führt. Wunderschöner Blick auf Elmen und die Lichtspitze. An der scharfen Linkskehre den Fahrweg geradeaus in den Wanderweg verlassen. Weiter abwärts, dann wieder ansteigend zur Aussichtsbank auf einem Felsvorsprung mit dem herrlichen Blick auf Elmen und den Lech. Weiterhin bergab, bergauf, zuletzt auf einem Fahrweg gemütlich abwärts (nach Elmen auf den Schilderpfahl mit dem Abzweig »Klimm, Elmen« achten, siehe Variante Hauptrichtung), dann ein wenig kräftiger abfallend zur **Wildfütterung**.

Bei der großen Raufe rechts (von Elmen her links) auf den »**Purweg**« und mäßig steigend zum Forstwegende. Dort links über den Bach und das Steiglein hinauf in den Wald. Den kaum merklichen Einschnitt gerade queren und anschließend steil bergan zum nächsten Fahrweg (nächster **Scheitelpunkt**), der links abwärts führt. An der scharfen Linkskurve geradeaus abzweigen in den Steig, der durch den lichten Fichtenwald läuft und wieder auf einen Wirtschaftsweg trifft. Links abwärts und nach einem Holzlager- und Wendeplatz zum Linksabzweig in einen Steig. Auf diesem mit schönem Blick ins Lechtal und auf die Berge abwärts, durch ein Wäldchen und zum Treff auf eine Fahrwegkurve unterhalb eines Holzschuppens in der Wiese. Rechts das kurze Stück bergan zu einem Schilderpfahl, links abwärts zum **Doserwasserfall** und durch den lichten Wald weiter bergab, voraus die Berge des Gramaiser und Grießtales, schließlich zur sehenswerten Kirche in **Häselgehr**.

Bei der Kirche links über die Lechbrücke, auf der anderen Seite (Bushaltestelle »Abzweig Gramais«) über die Straße und beim Schwimmbadschild rechts den Steig hinab, auf dem Damm ums Freibad herum zum Parkplatz und rechts über die Otterbach-Brücke, durchs Waldstück und zum Lechufer. An diesem immer geradeaus entlang bis zur nächsten Lechbrücke (nach Häselgehr). Davor links auf dem Teersträßchen weiter, bis kurz darauf der Wegweiser rechts in einen Feldweg und durch die Wiesen leitet, zur Linken der Einschnitt des reizvollen Grießtales. Am Kruzifix vorbei und hinein nach **Grießau** (dort rechts über die Lechbrücke Bushaltestelle »Grießauer Brücke«).

Hier den früheren Weg verlassen und die nächste Straße links, dann gerade über die Kreuzung und die Grießbachbrücke, danach rechts ab und auf einem Steig innerhalb des Fichtenrandes weiter zum renaturierten Lecharm. Auf einem Pfad am glasklaren Wasserlauf entlang zum Lech, dort links durch den Wald und zwischen Fluss und Wiese zum kleinen Waldstück an der Straße. Dieser nebenher folgen zur Lechbrücke bei Elbigenalp. Hinüber und links hinab zum Uferpfad, diesen rechts weiter (alter Weg) und zum Radweg, auf diesem links das letzte Stück zur **Lechbrücke** mit dem Rastplatz. Der Lechweg geht geradeaus weiter über die Bernhardsbachbrücke. Nach **Elbigenalp** vor dieser Brücke rechts den ungeteerten Weg am Bach aufwärts durchs Wäldchen zur Hauptstraße mit Bushaltestelle und Parkplatz.

Varianten

→ **Orchideenblüte** Zur Blütezeit des Frauenschuh nach der Hornbachbrücke links am Hornbach entlang und rechts durch einen kleinen Parkplatz. Dahinter den Waldweg weiter und rechts zum **Frauenschuhgebiet**. Anschließend gerade durch die Wiesen zum sichtbaren **Martinau**. An der Hauptstraße geht es links, dann vor dem »Loiserhof« rechts aufwärts in die Wiesen und gerade in Serpentinen bergan zum Hauptweg, diesen links (+ ca. ½ Std., 1 km).

→ **Schlechtwetterweg** Wie die vorherige Variante Orchideenblüte nach **Martinau**, dort gerade zur Kirche und Bushaltestelle »Martinau«, danach rechts in das schmale Sträßchen, das wieder zur Hauptstraße kommt. Auf dieser noch kurz rechts, dann rechts ab in den Radweg (»Steeg«). Nun immer auf dem Teerweg bleiben, vorbei am Hotel-Restaurant »LechZeit« (Do. Ruhetag) und zur **Klimmer Brücke**, ca. 1 Std., 4 km (hinein nach **Elmen** und zurück zum Lechweg siehe unter

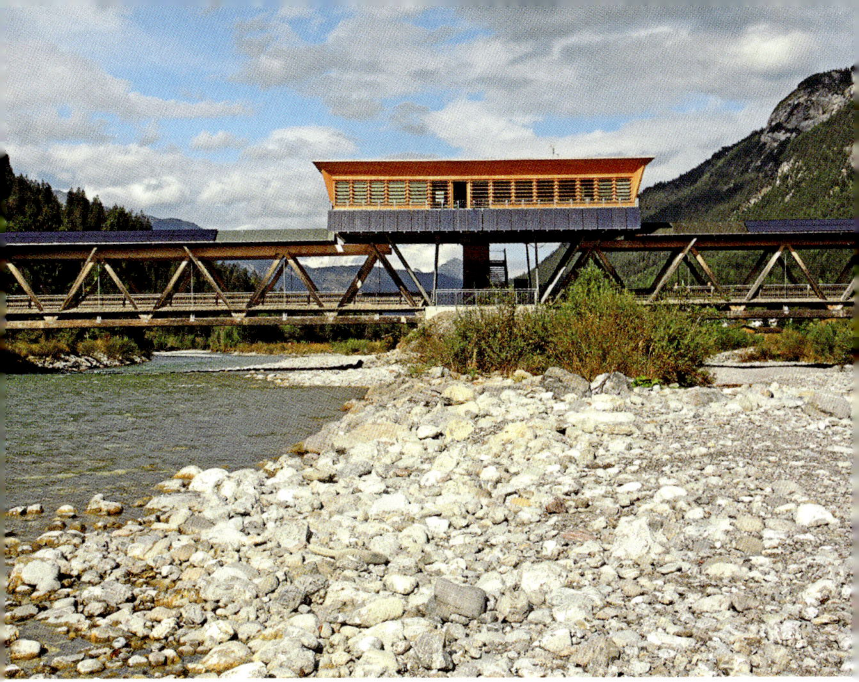

Bei der Klimmer Brücke hat man das moderne Naturparkhaus auf die alte Holzkonstruktion gesetzt.

Hauptrichtung »Nach Elmen«) Vor der Brücke rechts nach **Klimm**, bei den Häusern gerade bergan, an der Linkskurve den Teerweg verlassen und gerade aufwärts auf dem Fahrweg bis zur **Wildfütterung**, dort links ansteigend auf dem »Purweg« weiter.

Sehenswert, wissenswert

→ **Häselgehr** (1006 m, 690 EW) bietet mit dem schönen **Freibad** südlich der Lechbrücke Erholung für Körper und Seele und der darin angelegte schwefelhaltige **Kneippbach** Otterbach Erfrischung für müde Wanderfüße. Die **Kirche** zum Hl. Martin stammt aus dem 17. Jh. und ist im Nazarenerstil gestaltet. Teilweise sind die Wände im Innern mit Messingblech verkleidet, in dem die eingelassenen Konturen von Heiligen farbig übermalt sind.

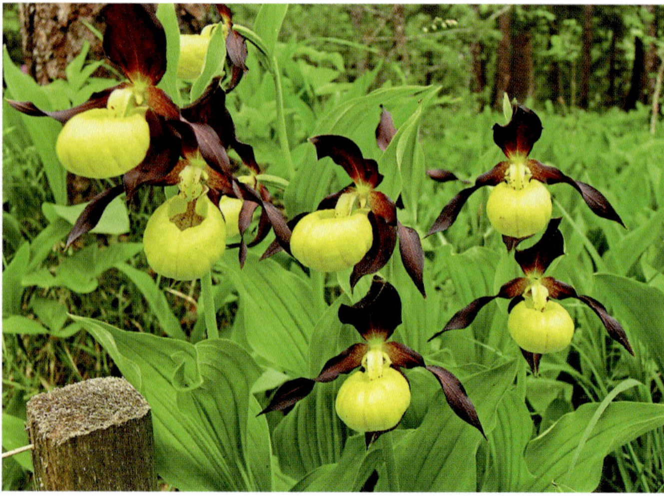

Bei Martinau findet sich das größte Frauenschuhvorkommen Mitteleuropas, die Pflanzen sind streng geschützt.

Nördlich vom Ort und eingebunden in den Lechweg wartet mit dem **Doserwasserfall** ein Naturphänomen. Pünktlich am 11. November versiegt alljährlich das Wasser, um erst wieder am 23. April aus der Felsengrotte zu sprudeln. Der Sage nach öffnet und verschließt ein Drache diesen sonderbaren Bach. Man geht jedoch von einem unterirdischen See aus, der aufgrund der Schneeschmelze überläuft und dann den Wasserfall erneut speist. Früher nutzte eine Mühle in Luxnach die Kraft seines Wassers.

→ Will man Wasser direkt erleben, sollte man sich zu einer **Rafting-Tour** auf dem Lech entschließen. Anmeldung bei Fun Rafting, nahe Kirche und Lechweg, Tel. 0043/(0)5634/6304, www.fun-rafting.at

Extra-Tour

Zwischen Häselgehr und Elbigenalp geht es vom Grießbachalm-Parkplatz bei Untergrießau südlich durchs wildromantische Grießtal in etwa 1½ Std. zur **Grießbachalm** (1496 m, Mitte Mai–Anf./Mitte Okt., Fr. Ruhetag). Für müde Füße wird zwei- bis dreimal pro Woche ein Taxidienst organisiert, der Sie hinaufbringt zur von Felsgipfeln umrahmten Almhütte. Anmeldung unter Tel. 0043/720348553 oder 0043/66077225 29.

→ Östlich der Lechbrücke in Häselgehr zweigt eine Straße ins **Gramaiser Tal** ab, in dem der Otterbach durch eine nicht begehbare Klamm zum Lech fließt. **Gramais** (1328 m, 50 EW) ist die kleinste Gemeinde Tirols und einer der schönsten Plätze im Außerfern. Neben der neoromanischen Pfarrkiche St. Johannes der Täufer (Hochaltarbild von Franz Xaver Fuchs, 1888, sowie Plastiken aus dem 18. Jh.) sind noch alte Bauernhöfe erhalten. Seit 2014 kann man auch ein neu errichtetes Heimatmuseum besuchen. Einkehr im Gasthaus »Alpenrose« (Mitte Mai–gegen Ende Okt. je nach Wetter, Mo. Ruhetag).

Extra-Tour

Im Gemeindegebiet von Gramais liegen mehrere wunderschöne Bergseen, zu denen reizvolle Wanderwege führen, z.B. zum Kogelsee oder Roßkarsee (jeweils ca. 2½ Std. Aufstiegszeit). Gemütlicher ist die **Gramaiser Runde** im Tal des Otterbachs (ca. 1–1½ Std.).

→ **Elmen** (976 m, 390 EW) liegt etwas abseits vom Lechweg östlich von Lech und Landesstraße. Sehenswert ist die im 15. Jh. erbaute Pfarrkirche und die Kapelle am Friedhof, in der ebenfalls ein von Johann Anton Falger gemalter Totentanz zu sehen ist. Beim zugehörigen Weiler **Martinau** findet sich das größte **Frauenschuhgebiet** Mitteleuropas. Diese seltene Orchidee blüht etwa Mitte/Ende Mai bis Anfang/Mitte Juni und ist ganzheitlich streng geschützt!

→ Ein Blickfang ist das neue **Naturparkhaus**, das spektakulär auf die Klimmbrücke gesetzt und am 24. August 2014 seiner Bestimmung übergeben wurde. Es ist Sitz der Naturparkverwaltung und bietet den Besuchern Informationen zum Naturpark Tiroler Lech, zu Projekten, Zielen und Angeboten und ist Ausgangspunkt für Führungen (geöffnet Mai–Ende Sept. tägl. 10–16 Uhr, www.naturpark-tiroler-lech.at). Gegenüber der Kapelle gibt es für Familienurlauber einen schönen Kinderspielplatz.

→ Südlich von Elmen zweigt die Straße zum Hahntennjoch (1894 m) ab, über das man nach Imst im Inntal gelangt (Linientaxi ab Haltestelle Elmen-Dorf, www.lechtal.at). Sie führt durch das bildschöne **Bschlaber Tal** zu den Orten **Bschlabs** (1316 m, Wallfahrtskirche Maria Schnee) und **Boden** (1356 m, St. Josefs-Kirche mit antiker Orgel), oder weiter hinauf nach **Pfafflar** (1619 m), das als älteste Höhensiedlung Tirols gilt. Hier sind noch alte Holzhäuser aus dem 13. Jh. erhalten, zu deren Bau kein einziger Metallnagel verwendet wurde.

Extra-Tour

→ Zwischen **Bschlabs** und Boden geht es auf den »**Weg der Sinne**«, der von einheimischen Künstlern mit Kunstwerken und Versen bestückt wurde. Er beginnt bei der Kirche in Bschlabs (gegenüber Gasthaus) und folgt der wildromantischen, 45 m tiefen und teilweise nur 40 cm breiten **Hölltalschlucht**, die der Streimbach geschaffen hat, und erreicht den »Ort der Stille«, der jedes Geräusch verschluckt. Über den Bschlaber Höhenweg kann man die Runde vollenden (insgesamt ca. 3 Std.). Verpflegung mitnehmen oder bis nach Boden gehen zum Gasthof »Bergheimat«.

→ **Vorderhornbach** (974 m, 260 EW) Sehenswert ist die **Kirche** zum Hl. Johannes dem Täufer. An der Bachbrücke weist ein Schild zum »**Badino**«, einem schönen Schwimmbad mit chemiefreiem Wasser. Der **Baichlstein** (1164 m) bietet eine herrliche Aussicht auf Vorderhornbach, Stanzach und die Wildflusslandschaft mit dem Lechzopf.

Der kleine Ort markiert den Eingang ins **Hornbachtal**, das einzige linke Seitental des Lechs, das von gewaltigen Bergen gesäumt wird. Im Süden ragt aus der schön gegliederten Hornbachkette als höchster

Gipfel die Urbeleskarspitze (2632 m) über der Gemeinde **Hinterhornbach** (1101 m, Gasthäuser) auf, etwas nordwestlich mit dem Hochvogel (2593 m) einer der höchsten und markantesten Allgäu-Berge.

Extra-Tour

Eine leichte Wanderung, die die Schönheit des Tales erschließt, führt von der Vorderhornbacher Bachbrücke in etwa 1½ Std. entlang des Hornbachs bis nach **Hinterhornbach** (1139 m). Von dort kann man etwa von Ende Juni – Ende Sept. mit dem Linientaxi zurückfahren oder vom Petersberg-Parkplatz noch weiter auf leichtem Weg dem Hornbach in das romantische Tal folgen bis zur 1250 m hoch gelegenen **Petersberg-Alm**, der letzten Sennalm im Tiroler Lechtal. Dort gibt es Hausmacher-Köstlichkeiten sowie Käse und Wurstwaren aus eigener Herstellung, auch für den Rucksack (etwa Mitte Mai – Mitte Okt., Mo. Ruhetag; vom Parkplatz ca. 1½ Std., 5 km).

→ **Lechwegschleifen** Bei Elmen: Nr. 4, Naturparkhaus Klimm (Klimmer Brücke) – auf dem Lechweg: Doserwasserfall – Häselgehr – zurück rechtsseitig vom Fluss zur Klimmer Brücke. 10,7 km, ca. 5 Std.

Nr. 5, Naturparkhaus Klimm – auf dem Lechweg: Vorderhornbach – Variante Baichlstein – Lechbrücke bei Stanzach – zurück an der flussaufwärts linken Lechseite – Edelbach-Wasserfall – Elmen – Klimmer Brücke. 15,5 km, ca. 6½ Std.

Von Vorderhornbach nach Höfen

Wildflusslandschaft, Lechzopf und Abstecher ins Mittelalter

Start Vorderhornbach (974 m), beim Gemeindeamt. Gegenrichtung: Höfen (869 m), an der Landesstraße 198.

Verkehrsanbindung Bus 110, Haltestelle »Vorderhornbach Dorf«. Gegenrichtung: Haltestelle »Höfen Platte«, wo der Lechweg die Landesstraße kreuzt.

Gehzeiten Etwa 5¾–6¾ Std. (23 km). Varianten siehe dort. Vorderhornbach – Stanzach ¾ Std. (3 km) – Forchach, Hängebrücke 1¼ Std. (5 km) – neue Johannesbrücke ½ Std. (2 km) – Weißenbach 1 Std. (4 km) – Rotlechschlucht ¼ Std. (1 km) – Rieden ½ Std. (2 km) – Lechsteg 1¼ Std. (5 km) – Höfen, Landesstraße ¼ Std. (1 km). Gegenrichtung: Etwa 6–7 Std. (23 km). Höfen, Landesstraße – Lechsteg ¼ Std. (1 km) – Rieden 1½ Std. (5 km) – Rotlechschlucht ½ Std. (2 km) – Weißenbach ¼ Std. (1 km) – neue Johannesbrücke 1 Std. (4 km) – Forchach, Hängebrücke ½ Std. (2 km) – Stanzach 1¼ Std. (5 km) – Vorderhornbach ¾ Std. (3 km).

Charakter Lange, aber überwiegend flache Strecke mit kaum merklichem Gefälle, um Weißenbach leicht hügelig. In der Gegenrichtung vor Rieden etwa 1 km bergan. Auf den Varianten über den Baichlstein und die Burgenwelt (zu beiden evtl. 1–2 Zusatztage planen) teilweise steile An- bzw. Abstiege, ausgenommen der Direktweg zur Ehrenberger Klause. Aussichtshöhepunkte: vom Baichlstein, von der neuen (Variante auch alten) Johannesbrücke und von den Burgen. Fernglas zur Tierbeobachtung mitnehmen.

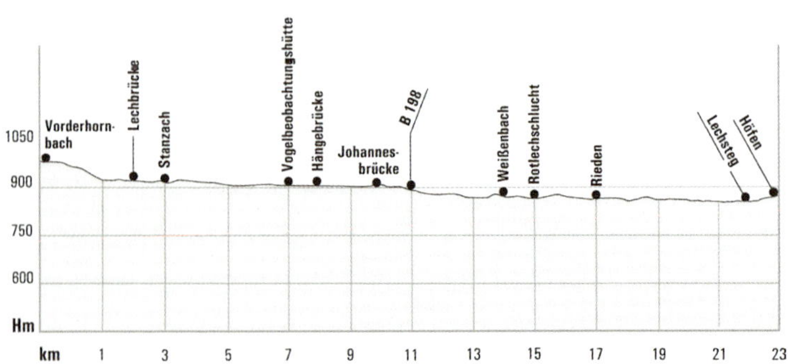

Einkehr Gasthöfe In Stanzach, Weissenbach und Höfen, in Rieden Gasthof »Kreuz« (Mo. und Di. Ruhetag). Auf der Variante über Ehrenberg Gasthof »Salzstadl«, in Ehenbichl Hotel »Maximilian« (18–21 Uhr, Mi. Ruhetag).

Baden Weißenbacher Baggersee in den Lechauen nicht weit von der neuen Johannesbrücke. Freibad in Weißenbach nahe der alten Johannesbrücke, etwa Ende Mai–Ende August/Anf. Sept. tägl. 9.30–19 Uhr.

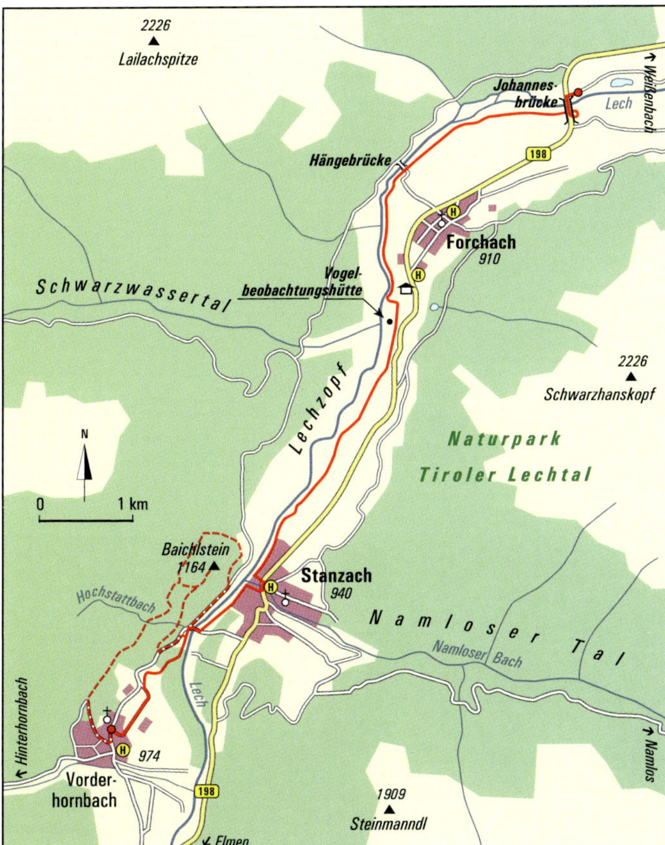

Wegverlauf

Beim Gemeindeamt verlassen wir die Straße zur Feuerwehr und laufen hinaus in die Wiesen, direkt auf die Gaichtspitze zu. Links voraus sieht man den bewaldeten Kopf des Baichlsteins, rechts vom Lechtal die Liegfeistgruppe mit der auffälligen Knittelkarspitze. An der Hangkante müssen wir links, kurz vor der Straße rechts abwärts und nach dem Haus im Grund geradeaus in den Feldweg. An dessen Ende geht es auf den Damm, der uns zum Lechuferweg bringt, nun links zur **Stanzacher Brücke**. Darunter durch, dann über die Brücke, verlassen wir die Straße bei der nächsten Möglichkeit nach links und laufen erneut auf dem

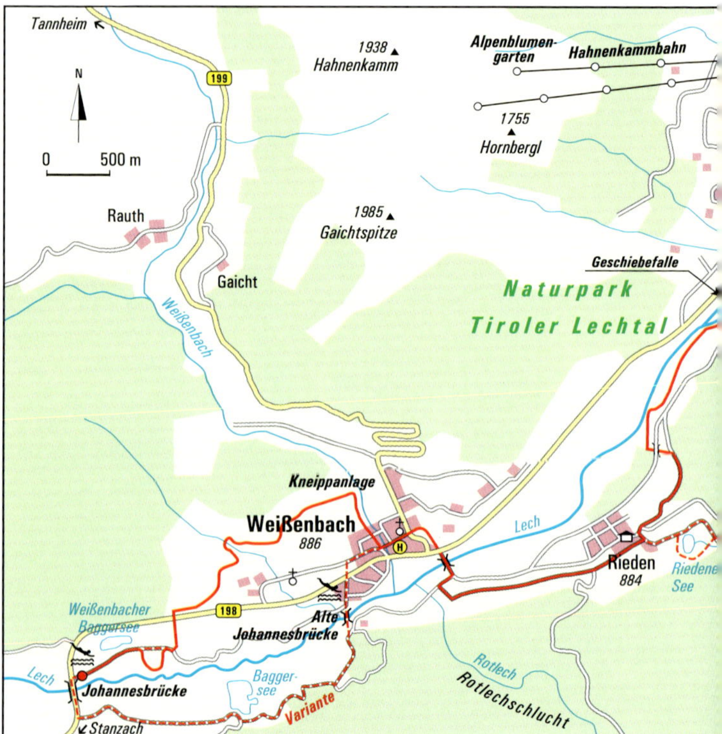

Uferweg am rauschenden Wasser entlang. Vor der Mündung des Namloser Baches gelangen wir rechts hinein nach **Stanzach**, links über die Brücke und gleich danach links Richtung »Forchach« wieder zum Lech.

Bei der Rasthütte am Fluss wenden wir uns rechts und laufen auf dem Damm entlang, bis wir hinab müssen zum breiten Weg. Hier sind wir im Schneeheide-Kiefern-Bereich, dann öffnet sich mehr und mehr die grandiose **Wildflusslandschaft**. Immer wieder passieren wir die querlaufenden Buhnen, die einst zur Befestigung der Ufer errichtet wurden und die dem Lech die markante Zopfgestalt gaben, welche sich von der Variante über den Baichlstein besonders gut erschließt.

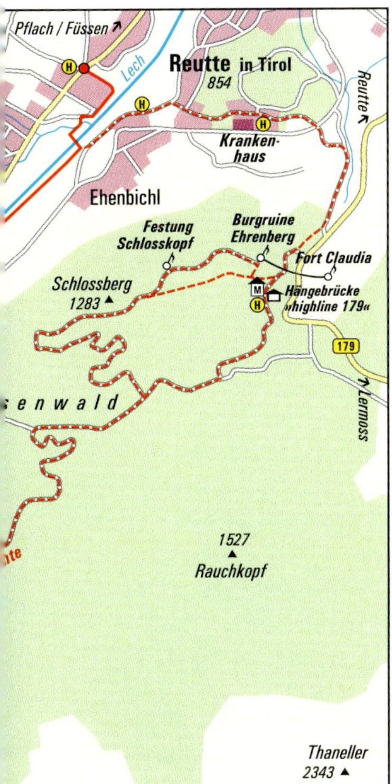

Im Kontrast zum wilden Flussbett blühen im Auwald schöne und seltene Gebirgsblumen, deren Samen ins Tal geschwemmt wurden. Im Frühling findet man hier Silberwurz, Alpenfettkraut, Enziane, Aurikeln und andere. Wir sehen Brunnwasser mit jungen Fischlein und am befestigten Lechbogen ein Stillwasser als Laichgebiet für Kröten und Libellen. Dann weitet sich das Flussbett noch mal enorm. Auf der anderen Talseite öffnet sich die ebenfalls breite Schottermündung des Schwarzwasserbachs, und wir können bei der **Vogelbeobachtungshütte** versuchen, die Kiesbankbewohner oder eine Wasseramsel mit dem hellen Brustfleck zu entdecken, die nach im Wasser lebenden Kleintieren taucht, auf dem Flussgrund laufen und teilweise sogar Steine umdrehen kann.

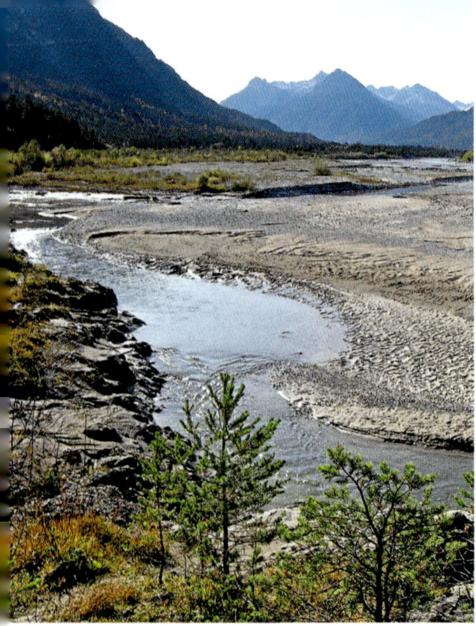

Wildflusslandschaft bei der alten Johannesbrücke.

Kurz danach geht es links Richtung »Hängebrücke« (etwa 5 Minuten geradeaus findet sich an der Straße die Bushaltestelle »Forchach Oberdorf«). Auf einem angenehmen Fußweg spazieren wir direkt am Lechufer entlang und kommen zur neuen **Hängebrücke** bei **Forchach**, die nochmals einen Blick ins wilde Flussbett und zu den Bergen ermöglicht. Nicht hinüber, sondern gerade weiter und ein Stück durch den Wald, vereinnahmt der Lech erneut den Talboden. Es geht durch die im Sommer reichlich warmen Auen erst auf den Tauern, dann auf den Thaneller zu, anschließend sind wir bei der neuen **Johannesbrücke**. Drunter durch, rechts (dann geradeaus Variante alte Johannesbrücke) und rechts den ansteigenden Weg auf die Brücke, die uns flussauf wie flussab nochmals die wilde Schönheit des natürlichen Geschiebes mit den fast türkisfarbenen Wasserarmen überschauen lässt.

Auf der anderen Seite gehen wir den Rechtsbogen abwärts und noch kurz Richtung Fluss, dann leitet das »L« links auf einen Steig unter der Stromleitung. Es tauchen der Radelweg und ein großes weißes Schild auf, hier müssen wir links, den Radweg kreuzen und am **Weißenbacher Baggersee** entlang (Rastplätze) bis zu dessen Ende. Rechts erneut zum Radweg und gerade bis zur Kurve, dort geradeaus abzweigen in die Lechauen (bei wenig Radelbetrieb könnte man das kurze Stück auch gleich auf dem Radweg bleiben). Am Rechtsbogen kurz vor dem Fluss müssen wir links. Der Weg verjüngt sich zu einem Steiglein, trifft auf einen breiteren Weg, auf diesem links wieder zum Radweg. Rechts sind es nur noch ein paar Meter zu einer Buhne.

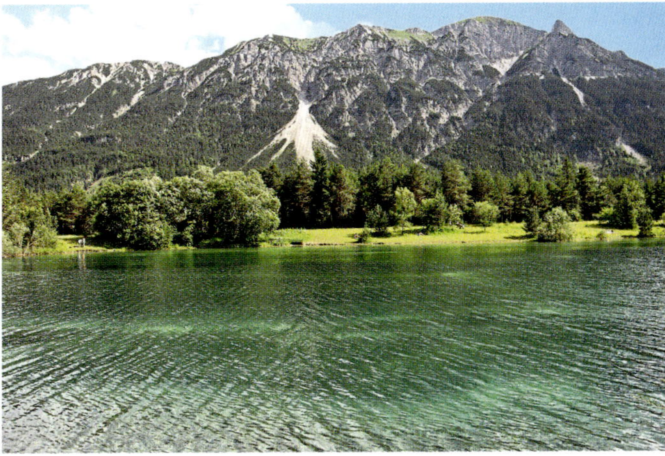

Am Weißenbacher Baggersee verlockt das glasklare Wasser zu einer Badepause. Hinten die Liegfeistgruppe.

Auf dieser links bis zu deren Ende an der **L 198**, wo die gefährliche Querung der Hauptstraße ansteht (bitte beachten Sie hierzu den Absatz Hinweise auf Seite 142). Drüben führt ein Steiglein rechts zum Holzlagerplatz, danach links und an der Gabelung rechts den breiten Weg ansteigend Richtung »Oberhof, Weißenbach«. Wir laufen oberhalb der Hangkante entlang, an der nächsten Wegeteilung gerade bergan zur Info-Tafel über den Neuntöter, der hier eines seiner letzten Brutreviere hat. Gerade am Waldrand aufwärts, dann rechts ab durch die Wiesen mit einer Holzhütte, auf Thaneller und Tauern sowie Weißenbach zu. An der Kreuzung links aufwärts, kommen wir zur Rastbank am Bach, den wir nach rechts überschreiten.

Der Weg senkt sich, unten an der Rechtskurve gerade weiter zu einem Feuchtbiotop. Ein Steig leitet über eine kleine Brücke und an der Fischzucht vorbei, dann folgen wir links unterhalb des Moosberghangs dem Feldweg zu einer Bank, an dieser gerade vorbei zu den ersten Häusern von **Weißenbach**. Auf dem Querweg gelangen wir links zu einem Parkplatz mit Wirtshaus, gehen jedoch rechts durch

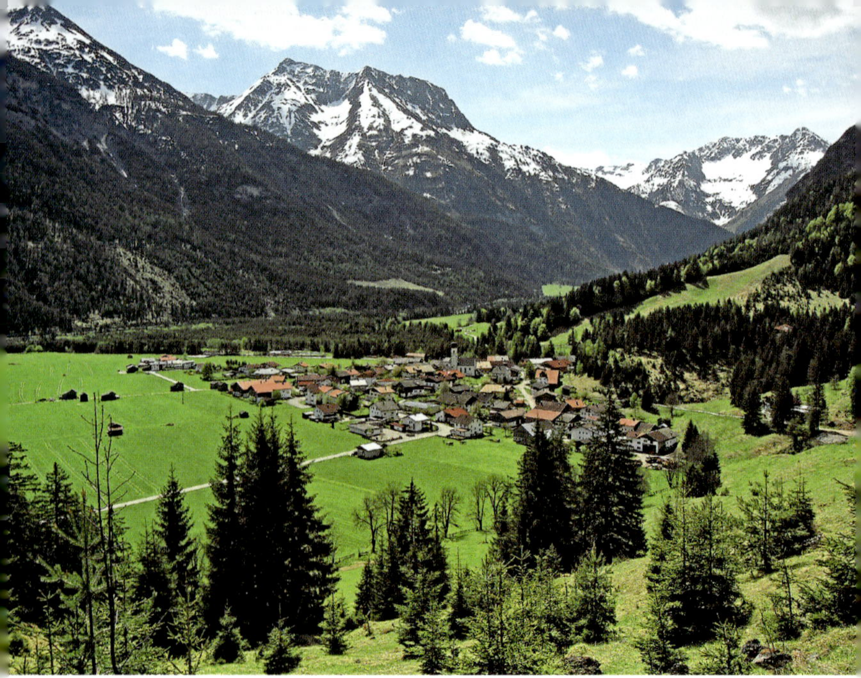

Vorderhornbach von der Variante über den Baichlstein. Links die Lichtspitze am Eingang zum Bschlaber Tal.

den Platz und an der Kurve gerade durch ein Holztürchen zum Bach. An diesem rechts und vorbei an der Kneippanlage, bringt uns der Steig am Bach leicht abfallend zu Parkplätzen und zur Weißenbachbrücke.

Wir gehen links hinüber, rechts an der Kirche und Bushaltestelle (»Weißenbach Dorf«) vorbei, gerade über die Straße und geradeaus die Straße »Unterbach« weiter. Rechts leitet der »Mühlbachweg« zur Unterführung, und auf der anderen Seite links, sind wir auch schon bei der Riedener Brücke. Wir queren hier erneut das weitläufige Lechbett, nehmen nach der großen Tafel über die Laufstrecken rechts und gleich darauf links die Richtung »Forchach« und kommen zur eindrucksvollen **Rotlechschlucht**. Noch vor der Brücke weist das »L« scharf links aufwärts (»Riedener See, Klausenweg«), dann schlängelt sich der Feldweg durch die Wiesenfläche der Hochterrasse. Rechter Hand taucht der Felsengipfel des Thaneller auf, links zum ersten Mal auch der Säuling, der im Norden das Tal abzuschließen scheint. An einem alten Bildstöck'l vorbei kommen wir hinein nach **Rieden** zum Kirchlein, vor dem es rechts zum und um den nahen **Riedener See** (ca. ½–¾ Std., 2 km) sowie auf die Variante zur **Burgenwelt Ehrenberg** ginge. Links lockt der anheimelnde Biergarten des Gasthofs »Kreuz«.

Zwischen Kirche und Brunnen, auf dem sich der Heilige Florian mit entblößter Kehrseite präsentiert, marschieren wir gerade auf ein wunderschönes altes Haus zu und folgen dem für Kfz gesperrten Sträßchen durch den Wald abwärts zu Kletterfelsen. Kurz vor der Straßeneinmündung leitet die Markierung links in einen Teerweg, der die Straße unterquert, drüben rechts weiter übers Bächlein. Noch ein paar Meter neben der Straße einher, dann zweigt links der Fußweg ab, der dem Lech folgt.

Gleich zu Beginn ermöglicht der nahe Ufersaum einen Blick in das hier im Bogen besonders stark geweitete, wilde Lechbett. Kurz darauf müssen wir den neuen Fahrweg durch den Auwald nehmen, der uns zur **Geschiebefalle** bringt. An der neu geschaffenen Mittelwasserrinne entlang, erreichen wir wieder den früheren Flusslauf. Rechter Hand haben wir den Schlossberg mit den Festungsresten, zu denen die Variante hinaufführt. Hinter dem glasklaren, türkisfarben schimmernden Fluss erheben sich die Gipfel von Gaichtspitze, Hahnenkamm, Schneid- und Gehrenspitze, im Norden steht der Säuling. Schließlich erreichen wir den **Lechsteg** bei **Höfen**, über den wir zur anderen Flussseite wechseln.

Der Weg führt links weg vom Lech, zu einem Blick übers Flugplatzgelände, über eine Holzbrücke (zur Übernachtung in Höfen links und hinauf in den Ort), danach rechts und gerade bis zum Lechwehr, dem Ehenbichl gegenüber liegt. Man sieht die Ruine Ehrenberg und die Festung auf dem Schlosskopf. Wir müssen an den Rastbänken vorbei und gerade abzweigen in den Uferpfad am Lech, vor der Mündung des Leinbachs links hinauf zum Sträßchen, rechts weiter und vor der Bachbrücke links (»Wängle«) hinauf zur Hauptstraße mit der Bushaltestelle »Höfen Platte«. Links ginge es ebenfalls hinein nach **Höfen** oder mit dem Beginn der nächsten Etappe noch knapp 2 km bis Wängle oder Holz.

→ **Variante Baichlstein** (1164 m) Gehzeit etwa 1¾–2 Std. (6 km), Abstieg über den Fahrweg etwa ¼ Std. (1 km) länger. Vorderhornbach – Baichlstein 1¼ Std. (4 km) – Stanzacher Lechbrücke ½ Std. (2 km).

In Vorderhornbach, wo der Lechweg nach dem Brunnen rechts auf den Kirchenhügel führt, geht es gegenüber Richtung »Moos, Baichlstein« (L5) in einen von der Straße abzweigenden Teerweg. Nach dem letzten Anwesen den kurzen, etwas steileren Steig durch die Wiesen hinauf zu einem Fahrweg. Rechts weiter gemächlich bergan, wunderschön im Blickfeld Vorderhornbach und die Berge. An der Wildfütterung gerade vorbei und nach den Wasserfällen immer gerade weiter, bis der Fahrweg endet. Ein guter Fußweg führt hinab in die wilde Bachschlucht (Hochstattbach), über einen **Gittersteg** und kurz und steil ansteigend zu einer Aussichtsbank. Danach auf einem Steig abwärts durch den Wald und links auf dem breiten Weg um das Moos herum, bei den nächsten Wegweisern (Standpunkt Moos) rechts.

Den Fahrweg aufwärts, nach der Linkskurve rechts ab in den kräftig ansteigenden Wurzelsteig, zuletzt rechts das kurze Stück steil hinauf zum Gipfelkreuz des **Baichlsteins**. Großartiger Blick ins Lechtal mit Vorderhornbach. Beim Kreuz links ein paar Meter abwärts, hat man den einzigartigen Blick auf den Lechzopf, hinter dem die Gaichtspitze steht. Hier wurde als Teil eines Kunstprojekts, das sich über den gesamten Alpenraum erstreckt, eine Porta Alpinae installiert. Sie soll den bewussten Schritt durch die eigenen Mauern symbolisieren und den Blick für und die Achtung vor der Natur anregen.

Wieder den Steig hinab zum Fahrweg, links und gleich nach der Rechtskurve links ab in den Steig Richtung »Vorderhornbach«. (Oder: falls der Bach mit der Gitterbrücke schon sehr viel Wasser führt, auf der L 5 gerade hinab zum Standpunkt Moos, dort rechts auf dem Fahrweg um den Baichlstein herum zur Lechbrücke). Er läuft sehr schmal durch den stellenweise steil abfallenden Waldhang hinunter zur Querung des Hochstattbachs in der Schlucht (keine Brücke!), die nach starken oder längeren Regenfällen unpassierbar sein kann. Vorsichtig hinüber und das letzte Stück hinab zur Straße. Auf dieser links, bis vor Gebäuden ein Rechtsabzweig zum Lechuferweg führt. Auf diesem links zur **Stanzacher Brücke**.

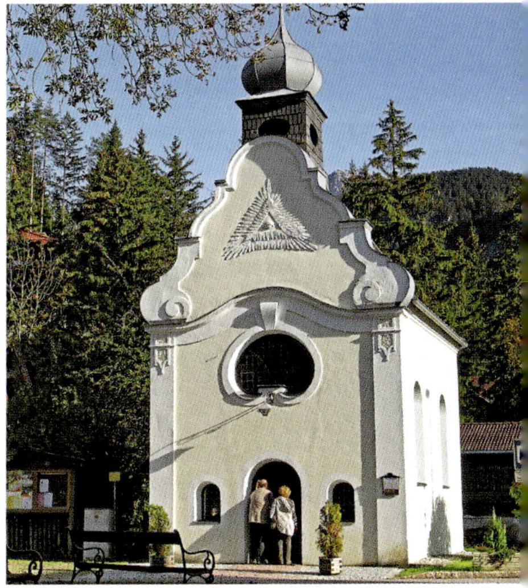

Rieden schmückt sich mit einem hübschen Kirchlein.

→ **Variante alte Johannesbrücke** Etwa 1–1¼ Std. (4 km). Neue Johannesbrücke–alte Johannesbrücke ¾ Std. (3 km) – Weißenbach, Bachbrücke ¼ Std. (1 km).

Diese Variante vermeidet die gefährliche Straßenquerung und ermöglicht für Fans der Wildflusslandschaft von der alten Johannesbrücke noch mal herrliche Ausblicke ins weite Lechbett. Die Brücke ist auf dem Foto Seite 2 an der Engstelle am oberen Bildrand zu erkennen. Der Weg ist asphaltiert, bietet aber auch Schatten, am Wochenende etwas mehr Radelverkehr. Man geht nach der Unterquerung der neuen Johannesbrücke geradeaus bis zum Querweg, diesen links und immer Richtung »Weißenbach«. Leicht ansteigend über den Fluss, schöner Blick zu den Tannheimer Bergen, dann abwärts zur **alten Johannesbrücke** mit der Info-Tafel über ihre interessante Geschichte. Hinüber zum Freibad und zur Hauptstraße, über den Zebrastreifen und schräg rechts durch den Ort, gerade vorbei am Hotel und Gasthof »Goldenes Lamm« (Mi. und Do. Ruhetag) zur Weißenbachbrücke und geradeaus auf dem Hauptweg weiter.

→ **Variante Burgenwelt Ehrenberg** Gehzeit etwa 4¼–5 Std. (15 km). Rieden – über Riedener See bis Abzweig Schlosskopf 1¼ Std. (5 km, hier geradeaus direkt zur Klause ½ Std., 2 km) – Festung Schlosskopf 1¼ Std. (4 km) – Ruine Ehrenberg, Ehrenberger Klause ¾ Std. (2 km) – Ehenbichl ¾ Std. (3 km) – Lechsteg ¼ Std. (1 km).

Vor der Kirche rechts Richtung »Klausenwald, Reutte, Riedener See« und immer links vom Bach zum **Riedener See**, nahezu zeitgleich rechts oder links um das Naturjuwel, dann stets den Schildern »Klausenwald, Reutte« folgen. Der Weg steigt an, fällt später etwas ab, man sieht den Schlossberg und an dessen Kante die Festung. Bei der Verzweigung mit Bank links und in Kurven ansteigend zu einem Querweg, diesen rechts und stets geradeaus bis zur Wegteilung, an der es geradeaus direkt zur Ehrenberger Klause geht. Wer die vielen Fahrwegkehren scheut oder auf die Veste Schlosskopf verzichten und nur zur Hängebrücke möchte, nimmt diesen Weg, hält sich im Tal links und achtet im Rechtsbogen des Fahrweges auf den Linksabzweig des historischen Weges, der direkt bergan in den Wald führt. Er wendet sich rechts und trifft auf eine Kreuzung (links, oben rechts, ginge es hier etwas ausholend ebenfalls zur Festung Schlosskopf). Geradeaus bergan kommt man kurz darauf zur Ruine Ehrenberg mit der Hängebrücke, von der man mit dem Schrägaufzug oder auf gleichem Weg zurückkehrt und an der vorherigen Kreuzung links hinab zur Klause gelangt.

Zur direkten Burgenrunde zweigt man an der zuvor erwähnten Wegeteilung links ab (»Schlosskopf«) und hält sich an der Gabelung gleich noch mal links. In einigen Kehren den bewaldeten Hang aufwärts und zur **Festung Schlosskopf**, zum schönen Blick auf Reutte, den Lech und die umliegenden Berge. Durch einen größeren Gebäuderest (Schild »Ruine Ehrenberg«) den steilen Steig hinab in die Senke und drüben hinauf zur Hängebrücke und **Ruine Ehrenberg**. Zurück in den Einschnitt und links durchs Hornwerk hinunter zur **Ehrenberger Klause**. Nun stets auf der Lechwegschleife L 6 links am **Museum** vorbei, durch den Torbogen und Parkplatz, an dessen Ende geradeaus abwärts nach »Reutte«. An der Gabelung links, unten an der Straße wieder links, dann gleich rechts ab in den Waldweg (»Rundweg Sintwag«). Nach dem ansteigenden Rechtsbogen hinter dem Hospital beim Schilderpfahl scharf links, wenig später schöner Blick über die Gebäude zu den Burgen, an der Gabelung links abwärts nach **Ehenbichl** und hinaus zur Straße. Hinüber und auf der anderen Straßenseite links Richtung »Lechufer, Rieden« zum Lechsteg bei **Höfen**.

Gegenrichtung

Wir haben bei Höfen die Hauptstraße (L198) gequert und laufen direkt an der Fließrinne des Leinbachs bergab, bleiben vor dem Brücklein und biegen danach links ab in den breiten grünen, stellenweise feuchten Weg. Hinab in den Wald und zum Lech, auf dem Pfad rechts weiter zum Sträßchen und zu den Rastbänken vor dem Lechwehr. Dort der Rechtskurve nach, links über eine Holzbrücke, am Flugplatz entlang zum Fluss und rechts zum **Lechsteg**. Auf der anderen Flussseite (links zur Variante Burgenwelt) rechts zunächst ein Stück durch den Auwald am hier noch geraden Lech entlang, dann an dem wegen der Geschiebefalle neu gebauten Flusslauf weiter, bis das letzte Stück des alten Weges mit schönem Blick in den weiten wilden Lechbogen zur Straße führt.

Den Fußweg noch etwas neben der Straße einher, über ein Bächlein, danach links durch die Unterführung und hinauf zum autofreien Sträßchen, dieses rechts bergan nach **Rieden**. Zwischen dem Floriansbrunnen und dem Kirchlein gerade zur Kreuzung (hier links zur Runde um den **Riedener See**, ca. ½–¾ Std., 2 km) und gerade zum Dorf hin-

Bei Normalwasser kann man auf dem Lech auch Kajak-Fahren oder Raften, hier kurz vor Forchach.

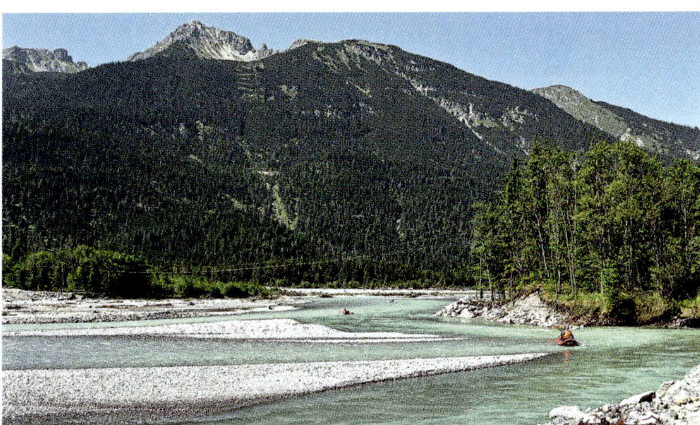

aus. Beim alten Bildstöck'l geradeaus und auf dem oberen Weg weiter, nun genau auf die Lailachspitze zu. Ein letztes Mal ist von der Hochterrasse der Säuling zu sehen, und flach durch die Wiesen geht es zur **Rotlechschucht**. Vor der Brücke rechts gemütlich abwärts, kurz vor der Straße links auf dem Teerweg zur Lechbrücke und über den Fluss. Danach gleich links, gerade in den Rad-/Fußweg und durch die Unterführung (L198) hinein nach **Weißenbach**. Gerade bis zur Querstraße, dort links »Zentrum«, über die Straße und geradeaus an der Kirche und Bushaltestelle »Weißenbach Dorf« vorbei.

Die Weißenbachbrücke wird überschritten (geradeaus Variante alte Johannesbrücke). Wir wenden uns rechts und am oberen Ende des Parkplatzes rechts in den Steig am Bach (»Loachweg«). Gemächlich am Bach ansteigend zur **Kneippanlage** und den Steig am Bach weiter, dann schräg links zu einem Holztürchen. Hindurch und auf der Straße gerade in den Parkplatz. Etwa in der Mitte des Platzes links ab in den Weg mit Sperrschild, als nächstes rechts hinaus in die Wiesen, auf das wundervolle Bergpanorama mit der Hornbachkette, Grubach- und Saldeiner Spitze zu. An der Bank geradeaus weiter, immer den Feldweg zwischen Moosberghang und Blumenwiesen entlang. Durch ein kleines Feuchtbiotop, beim Abzweig rechts und bei der Fischzucht links auf einem schmalen Steig weiter: Über ein Holzbrückchen, dann erneut auf breitem Weg mäßig ansteigend zu einem Schilderpfahl, dort gerade weiter bergauf.

Über den Bach zur Rastbank und links auf dem Teerweg abwärts, schöner Blick nach Weißenbach, dahinter erheben sich der Tauern und Thaneller, voraus die Liegfeistgruppe mit der charakteristischen Schuttrutsche. An der Kreuzung noch vor den Häusern rechts zur Hangkante, an dieser links abwärts, bei der Info-Tafel über den Neuntöter geradeaus und oberhalb der nächsten Geländestufe entlang, hinab zur **L198**. Noch rechts durch den Holzlagerplatz und das kurze Steiglein neben der Straße einher. Wo es endet, müssen wir links die Hauptstraße kreuzen (bitte Hinweise auf Seite 142 beachten).

Drüben links halten und auf dem Damm immer geradeaus bis zum geteerten Radweg, In diesen rechts einbiegen und (bei wenig Radelbetrieb könnte man das kurze Stück auch geradeaus weitergehen) nach wenigen Metern links ab in die Auen, dann rechts in einen Steig, an der Gabelung rechts zum breiten Weg und rechts wieder hinaus zum Radweg. An dessen Linkskurve geradeaus zum **Weißenbacher Baggersee** und links an diesem entlang. Am Ende den Radweg kreuzen und schräg rechts dem Steiglein unter der Stromleitung bis zur neuen **Johannesbrücke** folgen. Kurz rechts, dann links hinauf auf die Brücke mit der großartigen Sicht ins breite Lechbett, drüben hinunter und links unter der Brücke durch. Der Weg führt mit schönem Blick auf die zuvor genannten Berggipfel durch die Lechauen und ein Waldstück zur **Hängebrücke** bei **Forchach**.

Nicht hinüber, sondern rechts zum Fluss und links auf dem Uferweg weiter, nun immer am wilden Fluss entlang, schließlich links hinaus zu einem breiteren Weg (links zur Bushaltestelle). Rechts weiter zur nahen **Vogelbeobachtungshütte** am Ufer gegenüber der Schwarzwasserbachmündung. Hier öffnet sich die extrem weite Wildflusslandschaft des **Lechzopfs**, an dem wir immer auf dem Ufer- und Auenweg und die Buhnen querend zur Mündung des Namloser Baches gelangen. Links hinaus nach **Stanzach**, rechts über die Brücke und gleich wieder rechts zurück zum Lech. Gegenüber ragt der Baichlstein auf. Am Lech entlang zur **Stanzacher Brücke**, diese queren (»Vorderhornbach, Baichlstein«), drüben rechts und unter der Brücke durch zu einem Wegabzweig (Variante Baichlstein).

Geradeaus dem Radelweg folgen, bis das L–Schild nach rechts weist. Hinab zum Feldweg, voraus sieht man die Kirche von Vorderhornbach, dahinter die Klimmspitze und die umliegenden Berge. Gerade an dem einzelnen Haus vorbei und ansteigend zur Straße, jedoch wenige Schritte zuvor links ab in den Feldweg, der auf der oberen Lechterrasse entlang zieht.

Auf Höhe eines zurückliegenden Heuhüttchens rechts ab und schnurgerade auf die Kirche von **Vorderhornbach** zu. An der Feuerwehr vorbei zur Straße mit Bushaltestelle und Gemeindeamt. Sinnvoll wäre es, wegen der besseren Nächtigungsmöglichkeiten diese Etappe nur bis Stanzach zu gehen und mit einem Zusatztag den nächsten Abschnitt bis Elmen zu planen. Dabei lässt sich dann der schöne Weg über den Baichlstein sehr gut einbinden.

→ **Variante Burgenwelt Ehrenberg** Gehzeit etwa 4¾–5½ Std. (15 km). Lechsteg – Ehenbichl ¼ Std. (1 km) – Ehrenberger Klause 1¼ Std. (3 km, direkt zum Querweg nach Rieden ¾ Std, 2 km) – Ruine Ehrenberg ½ Std. (1 km) – Festung Schlosskopf ½ Std. (1 km) – Querweg nach Rieden 1 Std. (4 km) – Riedener See, Rieden 1¼ Std. (5 km).

Nach der Überquerung des **Lechstegs** links nach **Ehenbichl**, geradeaus auf der Variante L 6 und in der Kurve mit einem Bildstöck'l rechts ab (»Ehrenberger Klause«), später links leicht ansteigend in den Wald. Schöner Blick übers Hospital zur Ruine Ehrenberg und Festung Schlosskopf. Beim Schilderpfahl rechts abwärts, innerhalb des Waldrandes entlang und zur Straße. An dieser links weiter zum Rechtsabzweig. Immer ansteigend bis zum Parkplatz und gerade hindurch zur Klause und zum **Museum** (geradeaus, dann beim nächsten Parkplatz rechts durch den Wald aufwärts ginge es direkt nach Rieden). Gleich hinter dem Infocenter (Schrägaufzug) rechts hinauf in den Wald, weiter oben rechts ab und kräftig steigend zur Hängebrücke und **Ruine Ehrenberg**. Von der Burg zurück in die Senke und drüben den steilen Steig hinauf zur **Festung Schlosskopf**.

Das Fort auf der Höhe zur anderen Seite verlassen, zum Fahrweg und diesen geradeaus, dann (die Markierung L 6 verlassen) in vielen Kurven hinunter in den Klausenwald. Unten noch dem Rechtsbogen folgen zu einem Querweg (Direktweg von Ehrenberg kommt hinzu) und auf diesem rechts Richtung »Rieden«. Länger geradeaus, dann nicht gerade weiter nach Rieden, sondern links abzweigen und den Weg »über den Riedener See« nehmen, dort romantischer und fast gleich lang links ums Südufer, dann noch das kurze Stück nach **Rieden** und bei der Kirche links auf dem Lechweg weiter.

→ **Variante alte Johannesbrücke** Etwa 1–1¼ Std. (4 km). Weißenbachbrücke – alte Johannesbrücke ¼ Std. (1 km) – neue Johannesbrücke ¾ Std. (3 km).

Nach der Überschreitung der Weißenbachbrücke immer geradeaus, vorbei am Hotel und Gasthof »Goldenes Lamm« (Mi. Ruhetag), später schräg links zur Hauptstraße. Über den Zebrastreifen, zum Schwimmbad und zur alten Johannesbrücke (Infotafel zur Geschichte). Hinüber,

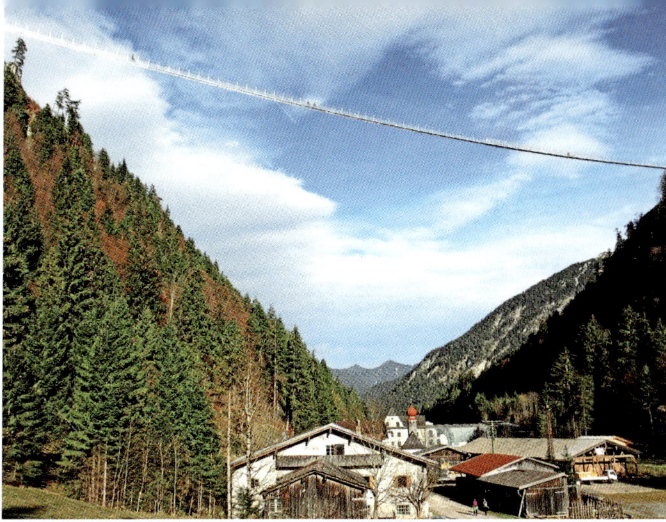

Die highline179 bei der Burgenwelt Ehrenberg.

rechts weiter und stets Richtung »Forchach« dem geteerten Hauptweg folgen. Zunächst etwas ansteigend durch Wald, zum schönen Blick auf die Tannheimer Gipfel, dann abfallend bis zur Hauptstraße. Direkt davor rechts zur und – wieder auf dem Lechweg – unter der neuen Johannesbrücke hindurch.

→ **Variante Baichlstein** Gehzeit etwa 2–2½ Std. (6 km), Aufstieg über den Fahrweg etwa ½ Std. (1 km) länger. Lechbrücke – Baichlstein 1 Std. (2 km) – Vorderhornbach 1 Std. (4 km).

Ist zu erwarten, dass die Bäche nach stärkeren Regenfällen oder bei kräftiger Schneeschmelze viel Wasser führen, geht man auf der L 5 nach der Querung der **Stanzacher Lechbrücke** rechts den Fahrweg weiter, an der Gabelung links und immer links herum um den Baichlstein zum Schilderpfahl Standort Moos, dort links hinauf auf den Baichlstein. Sonst unterquert man die Brücke und verlässt auf dem nächsten Weg rechts den Hauptweg zur Straße. Auf dieser links entlang, bis rechts das Schild »Baichlstein« in einen Steig zeigt. Durch den teils steil abfallenden Waldhang auf sehr schmalem Steig bergan zur brückenlosen Bachquerung in einer Schlucht, die bei viel Wasser unpassierbar sein kann. Man trifft auf einen Fahrweg, rechts bergan, nach der Linkskurve rechts ab in den Wurzelsteig zum Gipfelkreuz am **Baichlstein**. Herrliche Aussicht ins Lechtal und auf den Lechzopf.

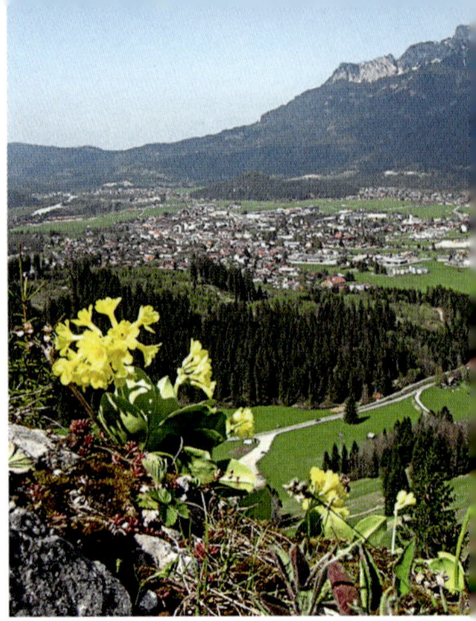

Reutte mit dem Säuling.

Wieder hinab zum Forstweg, links und dann auf dem Fahrweg bleiben bis zum Querweg (Standpunkt Moos). Links Richtung »Wasserfälle, Vorderhornbach« ums Moos herum und rechts den Waldweg hinauf zur Aussichtsbank, hinab zum **Gittersteg** in der Schlucht und drüben wieder bergan zum Beginn des Fahrweges. Auf diesem schönen Aussichtsweg immer gerade abwärts, ebenso nach den Wasserfällen und der Wildfütterung. Kurz nach dem Steinschlagschild und dem angezeigten Steig zur Grubachspitze aufpassen: Hier zweigt links der Wiesensteig ab, der hinunter führt nach **Vorderhornbach**. Unterhalb der Kirche rechts und wieder auf dem Lechweg geradeaus (links zum Gemeindeamt und Bus) am Bunnen vorbei zur Straßenkreuzung (nahe der Gasthäuser und Bushaltestelle »Kreuz«) und gerade hinab zur Hornbachbrücke. Hier geht es links auf die Variante »Orchideenblüte« (S. 74).

Sehenswert, wissenswert

→ **Stanzach** (939 m, 410 EW) liegt am Beginn der Wildflussstrecke sowie am Eingang zum **Namloser Tal** und schmückt sich mit einer dem Heiligen Michael gewidmeten **Kirche**. Sie wurde 1660 errichtet und im Nazarenerstil gestaltet. Nach einem Brand 1774 hat man sie von 1775–1780 neu aufgebaut. Das Hochaltarbild stammt von Johann Jakob Zeiller.

Extra-Tour

→ Zum Gemeindegebiet Stanzach gehört die **Fallerscheinalpe** (1302 m), zu der man kurz vor **Namlos** von der Straße aus in etwa ½–¾ Stunde auf einem Asphaltweg, das letzte kurze Stück auf einem Naturweg hinauflaufen kann. Mit rund 40 Blockhütten ist sie das größte Almdorf Tirols und bietet in »Michl's Fallerscheinstube« und im »Sennerstüberl« typische Tiroler Spezialitäten (Anf. Mai–Mitte Okt.). Wenige Meter oberhalb der Fallersteinstube gibt es einen Wildbeobachtungsstand mit Fernrohr und großer Chance Tiere zu sehen. Weiter hinauf zum Holzkreuz hat man einen schönen Ausblick über das Almdorf.

→ **Forchach** (910 m, 280 EW) leitet seinen Namen vom Föhrenwald her. Im Gebiet des beschaulichen Urlaubsortes dürfte die Wildflusslandschaft wohl die schönste Ausprägung haben, woran die Urgewalt der Schwarzwasserbachmündung auf der Westseite des Lechs einen großen Anteil hat. In der Ortsmitte ist die **Barockkirche** sehenswert.

Bei Forchach trifft man auch auf eine 75 m lange **Hängebrücke** über den Lech. Sie wurde 1924 von Commerzienrat Carl Schwenk erbaut. Ab diesem Zeitpunkt konnten die Forchacher Jäger zu Fuß über den Lech wechseln und besser den Wilderern nachstellen, die oft die Boote der Jäger zerstörten, um am anderen Ufer eine Weile ungestört dem Waidwerk frönen zu können.

→ **Weißenbach** (885 m, 1300 EW) liegt am Abzweig ins Tannheimer Tal, das als eines der schönsten Hochtäler der Allgäuer Alpen gilt. Von dort her fließt der Weißenbach dem Lech zu, im Süden auf der anderen Flussseite mündet der Rotlech, der die wilde Rotlechschlucht geschaffen hat. Die **Pfarrkirche** St. Sebastian wurde von 2004–2008 renoviert.

Römische Grabfunde an der ehemaligen Via Decia von Reutte nach Bregenz belegen die frühe Bedeutung des Ortes, doch urkundlich erwähnt wurde Weißenbach erstmals im Jahr 1200. Im Mittelalter führte die Salzstraße von Hall in Tirol über den Gaichtpass und das Tannheimer Tal bis in den Bodenseeraum.

→ **Der Riedener See** ist ein glasklarer Kalkquellsee mit kalkreichen Niedermooren und größeren Seggenrieden, in denen Moose, Wollgräser, Binsen und Orchideen wachsen. Auch die seltenen Spirken, die vor mehr als 10.000 Jahren vor allem im Allgäu noch in Mengen vorhanden waren, haben hier einen der letzten Standorte im Außerfern. Sie sind

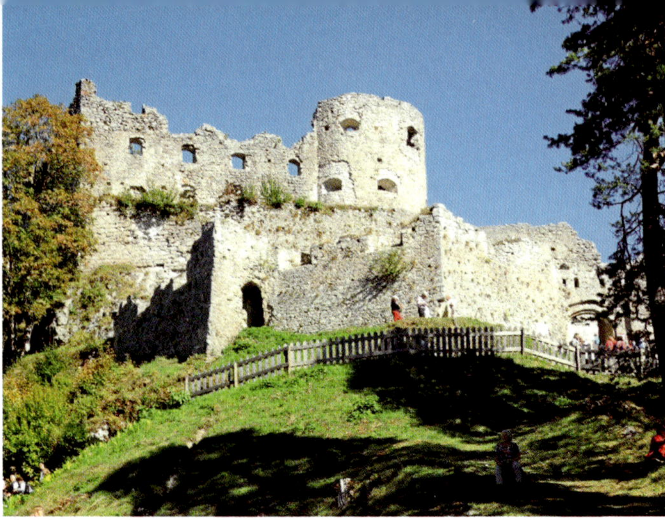

Imposant ragen die Mauerreste der Burg Ehrenberg in den Himmel.

nahe Verwandte der Bergkiefer, lieben nasse, saure Böden und besiedeln gern die Ränder nährstoffarmer Moore, wie am Riedener See. Hier hat auch die Bilek Azurjungfer ein bedeutendes Vorkommen. Sie ist die seltenste Kleinlibelle Mitteleuropas und gilt in Deutschland und der Schweiz als ausgestorben. Da ihr Hauptverbreitungsgebiet im 8000 km entfernten Sibirien liegt, nennt man sie auch Sibirische Azurjungfer.

Extra-Tour

Empfehlenswert ist der Abstecher von Rieden zum und um den Riedener See (½–¾ Std., 2 km). Beim Kirchlein folgt man der Beschilderung.

→ **Burgenwelt Ehrenberg** Über Ehrenberg und Breitenwang verlief die Via Claudia Augusta, die über den Fernpass kam und nach Füssen und Augsburg führte. Auch der Salzhandel nutzte diesen Weg. An der Ehrenberger Klause, die in der südlichen Talenge die Passstraße nach Heiterwang sperrte, flossen daraus üppige Zolleinnahmen. Graf Meinhard II. von Tirol hatte 1293 Burg Ehrenberg erbauen lassen, als sich Auseinandersetzungen mit den bayerischen Herzögen abzuzeichnen begannen, einige Zeit danach wurde die Klause errichtet.

Die strategisch wichtigen Anlagen hat man immer wieder aus- und umgebaut, 1607 kam Fort Claudia auf dem Falkenberg östlich der B179 (Fernpassstraße) hinzu. Die gewaltige Festung auf dem Schlosskopf (1261 m) entstand erst 1726–1741. Heute präsentieren sich die hochinteressanten Burgen mit vielen Informationstafeln der Öffentlichkeit, ebenso das modern konzipierte **Museum** »Dem Ritter auf der Spur« (siehe auch »Bier & Burgen – Wandern im Allgäu« aus dem Berg & Tal Verlag).

Seit Juli 2014 hat in der Klause die **Naturausstellung** »Der letzte Wilde« – womit der Lech gemeint ist – Einzug gehalten. An interaktiven Stationen begibt man sich auf eine atemberaubende Zeitreise, lauscht den Geschichten der bunten Lechkiesel und erkundet die einzigartige Tier- und Pflanzenwelt des Lechtals.

Das Nonplusultra dürfte die am 22. November 2014 eröffnete, derzeit längste Fußgänger-Hängebrücke der Welt im tibetischen Stil sein. Die von 8 Felsankern gehaltene **highline179** hat es auch ins Guiness-Buch der Rekorde geschafft. Sie spannt sich von der Ruine Ehrenberg über die Klause samt Fernpass-Bundesstraße zum Fort Claudia auf der anderen Talseite, ist 406 m lang, 114 m hoch und erfordert ein wenig Mut sowie Schwindelfreiheit.

Burgen frei zugänglich. Brücke von 8–22 Uhr, gebührenpflichtig, derzeit 8,– €, Kassenautomat am Zugang, ermäßigte Karten für Gruppen oder Familien etc. nur im Info-Center unten bei der Klause. Museum und Naturausstellung Sommer Mai–Mitte Nov. täglich 10–17 Uhr (letzter Einlass). Tel. 0043/(0)5672/62007, www.ehrenberg.at. Besuchenswerte Einkehr: der alte Salzstadel.

→ **Lechwegschleife Nr. 6,** Ehenbichl – Ruinen Ehrenberg und Schlosskopf – Klause – Katzenmühle – Ehenbichl, ca. 9 km, 4 Std.

→ **Geschiebefalle** Auf einer Länge von rund 700 Metern wurde gegenüber von Höfen eine so genannte Geschiebefalle errichtet. Gleichzeitig hat man auf der Ehenbichler Seite einen ganz neuen Flussabschnitt gebaut, der den Hauptarm bildet und den reduzierten, aber notwendigen Gerölltransport für die Unterliegerstrecke des Lechs gewährleistet. Gleichzeitig ist der Fluss dadurch optisch aufgewertet, und neue Lebensräume entstehen. Weichen musste dafür allerdings ein großer Teil der Au. Durch die geringe Fließgeschwindigkeit im flachen Gelände zwischen Weißenbach und Lechaschau lässt der Lech hier große Schottermengen liegen, die regelmäßig entfernt werden mussten, um Überschwemmungen bei Hochwasser zu verhindern. In der »Falle« im alten Gerinne, in dem nur mehr 30% des Wassers verbleiben, fangen sich durchschnittlich 50.000 bis 70.000 Kubikmeter Geröll, die dann umweltschonend entnommen werden können.

→ **Höfen** (869 m, 1150 EW) Mit der **Hahnenkammbahn** kann man zu einem Ausflug auf den Hausberg von Höfen starten, der einen herrlichen Blick über den Reuttener Talkessel und das Lechtal bis zur Zugspitze ermöglicht. Zu Fuß beginnt der Aufstieg Richtung »Höfener Alm« bei der Talstation und dauert etwa 2 Std.

Reuttener Seilbahnen: Ende Mai–Anf. Nov. täglich 9–16.30 Uhr, bei niederschlagsfreiem Wetter, Tel. 0043/(0)5672/62420, www.reuttener-seilbahnen.at.

Nahe der Bergstation (1733 m) ist in wenigen Minuten der **Alpenblumengarten** erreichbar. Er verteilt sich über etwa 2 ha Fläche und umfasst derzeit rund 540 verschiedene Arten. Die Blütezeit beginnt nach der Schneeschmelze und erstreckt sich bis in den Oktober, Hauptzeit ist von Ende Juni–Ende August. (Leider wird der Alpenblumengarten nicht mehr betreut.) Ebenfalls nicht weit von der Bergstation gibt es einen etwa 1 km langen **Barfußpfad** über blühende Almwiesen hinab zur Höfener Alm (Fußwaschmöglichkeit, Einkehr), dessen 18 Stationen Wahrnehmung und Sinne schärfen sollen.

Extra-Tour

Ein sehr lohnender und aussichtsreicher Spaziergang ist die kurze Wanderung von der Bergstation auf dem **Alpenrosenweg** zur **Lechaschauer Alm**, die zur Alpzeit Gäste bewirtet (Mitte/Ende Mai–Mitte Okt.). Der Weg hat nur geringe Höhenunterschiede und bietet neben dem Blick ins Lechtal überraschend schöne Ansichten der wilden Tannheimer Gipfel (hin und zurück ca. 1½–2 Std.).

7. Etappe

Von Höfen nach Pflach

Kapelle mit Fernsicht, verträumter See, Vogelparadies

Start Höfen (869 m), an der L 198. Gegenrichtung: Pflach (840 m), Hotel-Gasthof »Zum Schwanen«.
Verkehrsanbindung Bus 110, Haltestelle »Höfen Platte«, wo der Lechweg die Landesstraße kreuzt. Gegenrichtung: Bushaltestelle »Altes Gemeindeamt« direkt beim »Schwanen«. Buslinien 4258 und 74. Bahnhof nahe dem Gasthof.
Gehzeiten Etwa 3–4 Std. (11 km). Varianten siehe dort.
Höfen, Landesstraße – Wängle-Holz ½ Std. (2 km) – Wängle, Abzweig Tal-Variante ¼ Std. (1 km) – Costarieskapelle ¾ Std. (2 km) – Frauensee ½ Std. (2 km) – »Tannenhof«, Ende Tal-Variante ¼ Std. (1 km) – Lechbrücke ¼ Std. (1 km) – Pflach ½ Std. (2 km).
Gegenrichtung: Etwa 3¼–4 Std. (11 km).
Pflach – Lechbrücke ½ Std. (2 km) – »Tannenhof«, Abzweig Tal-Variante ¼ Std. (1 km) – Frauensee ½ Std. (1 km) – Costarieskapelle ¾ Std. (2 km) – Wängle, Ende Tal-Variante ½ Std. (2 km) – Wängle-Holz ¼ Std. (1 km) – Höfen, Landesstraße ½ Std. (2 km).
Charakter Längere und stärkere Anstiege in beide Richtungen, besonders von Wängle zur Costarieskapelle, in der Gegenrichtung vom Lechtal zum Frauensee und zur Kapelle. Die Tal-Variante umgeht diese Steigungen. Aussichtshöhepunkte: vom Panoramaweg, bei der Costarieskapelle und vom Vogelbeobachtungsturm in der Pflacher Au. Nach der Lechbrücke bietet sich Richtung »Reutte« ein Abstecher nach oder die Übernachtung in Reutte an.
Einkehr In Wängle-Holz Hotel »Talhof« und »Lechlife«, am Frauensee

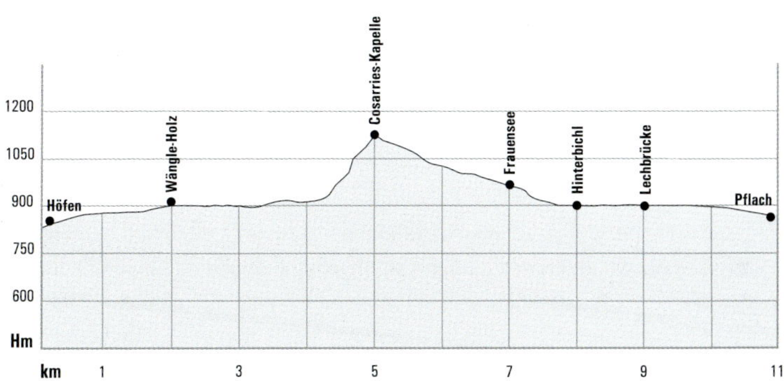

»Frauenseestube« ab 11.30 Uhr (Do. Ruhetag), in Pflach Hotel-Gasthof »Zum Schwanen« (Mo.–Sa. ab 18 Uhr, So. und Feiertage 11.30–14 Uhr und ab 18 Uhr, Mi. Ruhetag).

Baden Am Frauensee unterhalb der Frauenseestube.

In Reutte Alpentherme Ehrenberg, Thermenstr. 10, täglich 10–21 Uhr, Sauna bis 22 Uhr, Tel. 0043/(0)5672 72222, www.alpentherme-ehrenberg.at.

Wegverlauf

Wir sind vom Lech heraufgekommen und haben – am besten mittels Zebrastreifen bei der Bushaltestelle – die Landesstraße gequert. Rechts über die Leinbachbrücke, halten wir uns gleich links an das ansteigende Sträßchen. Beim letzten Haus vor dem Wald aufpassen: Das »L« weist links in einen schmalen Pfad, der knapp entlang und auf der Ufermauer mäßig steigend zu einem Schaupflanzgarten und bis zur Straßenbrücke führt. Hier ist konzentriertes Gehen zweckmäßig.

Auf der Straße rechts am **Sportheim** vorbei und als nächstes links ab Richtung »Panoramahöhenweg, Holz« (geradeaus nach Wängle). Nach den Sportanlagen und mit schönem Blick über Wängle zum Säuling, erreichen wir eine kleine Brücke, danach gerade am Waldrand weiter zur Straße im Ortsteil **Holz**. Das »L« leitet wenige Meter links und vor dem Bach gleich wieder rechts (»Panoramahöhenweg«) auf das Hotel »Talhof« zu. Vorher müssen wir jedoch rechts durch ein Weidegatter, kurz bergan zu einer Aussichtsbank und geradeaus den Höhenweg weiter, der nun über Wängle und Reutte hinweg ein wunderschönes Bergpanorama bietet: Säuling, Geierköpfe, Tauern, Zigerstein, und Thaneller säumen das Talhalbrund.

Nach einem kleinen Bachgraben zeigt das »L« rechts abwärts, dann gleich links Richtung »Wängle, Frauensee, Costarieskapelle«. Der aussichtsreiche Weg schlängelt sich am Waldrand entlang, an die Pyramide des Thaneller schließen sich nun auch die Lechtaler Alpen an. Es geht in den Wald, gerade durch eine Bachrinne, im Rechtsbogen ins Freie und abwärts direkt auf die Kirche von **Wängle** zu. Am Abzweig links (Tal-Variante geradeaus) und Richtung »Costarieskapelle«.

Der Weg beginnt zu steigen und führt nach den Häusern gerade weiter bergan. Bevor uns erneut der Wald aufnimmt, bietet sich noch mal ein schöner Blick übers Reuttener Tal. Gemächlich laufen wir den Fahrweg bergan, voraus tauchen der Säuling, dann hoch am Hang die Kapelle auf. Bei der Rastbank nehmen wir die Rechtskurve und gehen statt des Waldsteigs besser den nächsten Linksbogen aus. Wenig später müssen wir rechts den steilen, zum Schluss sogar sehr steilen und ein paar Meter mit Seilführung und Geländer gesicherten Fels-Wurzel-

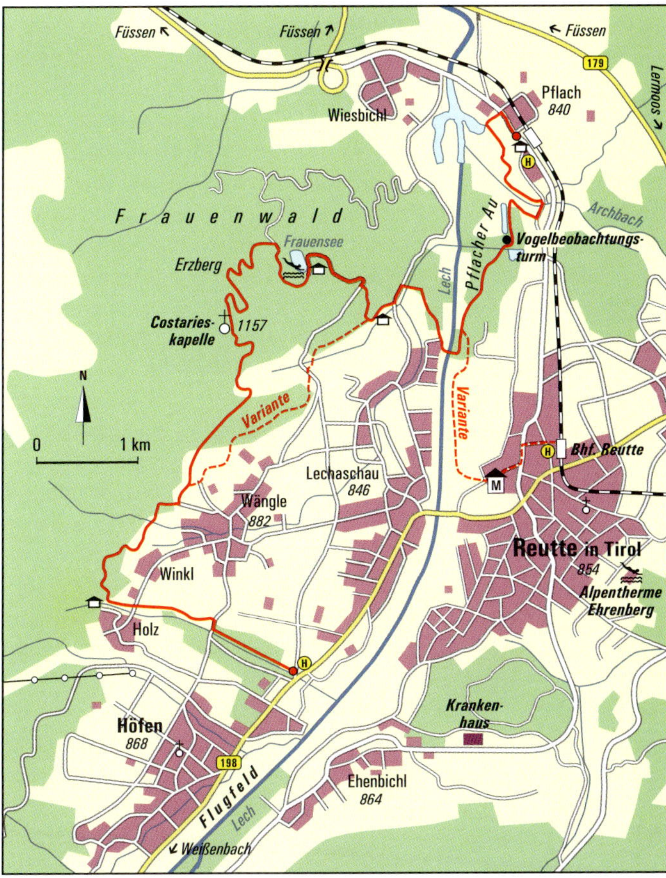

Steig durch den Wald hinauf zur **Costarieskapelle** – ein Platz zum Rasten und Schauen, ein Platz der Ruhe und der Kraft. Unterhalb liegen Wängle und Höfen, das ganze Reuttener Becken, die Burgenwelt Ehrenberg, dahinter der Thaneller und die Lechtaler Berge.

Nun ist die Arbeit getan, es geht bergab. Nach der Kapelle geradeaus zu einem Querweg, diesen rechts weiter abwärts. Der Forstweg kurvt den Hang hinunter, bietet einen schönen Blick auf den Frauensee und den Säuling und kommt erneut zu einem Querweg, hier rechts und bei einem Kruzifix geradeaus. An der Schranke öffnet sich der Wald, und ums Südufer des **Frauensees** herum gelangen wir zu einem Rastplatz, dann Badeplatz (Holztreppe ins Wasser) und zur Einkehr in der nahen »Frauenseestube«. Auf dem Teersträßchen abwärts, dann heißt es nach einer Rechtskurve (mit Wegabzweig) aufpassen: Hier zeigt das »L« links Richtung »Hinterbichl« in einen anfangs steilen Bergsteig, der mit schöner Aussicht ins Lechtal, dann mehr auf einem Wiesensteig hinab zu einem Kletterfelsen und breiten Weg führt (Tal-Variante kommt hinzu). Diesen links abwärts, am Zugang zum »Tannenhof« vorbei und zu den Häusern von **Hinterbichl**.

Unten links auf dem Teersträßchen weiter, bis die Beschilderung »Wanderweg am Lech, Lechaschau, Reutte« nach rechts und über eine Bachbrücke weist. Wenig später macht der Weg einen Rechtsknick, hält auf den Thaneller zu und kommt an einem Rastplatz vorbei zur **Fußgängerbrücke** über den **Lech**, der sich ab Reutte wieder verbreitern und Kiesbänke umlagern darf. Wir wechseln hinüber und marschieren links auf dem Damm weiter, der in eine Straße ausläuft (rechts Beschilderung hinein nach **Reutte**). Auf dieser geradeaus in die Pflacher Au, an der Gabelung rechts, durchs Schutzgebiet zu einer Bachbrücke und am schattigen Ufer entlang zu einem Querweg. Rechts sind wir auch schon beim **Aussichtsturm** vor dem Gewerbegebiet von Pflach, der einen schönen Blick über das riesige Vogelschutzgebiet mit seinen Seen und Wasserarmen und auf das Bergpanorama bietet.

Hinter dem Turm spazieren wir links auf dem Damm am See weiter, vor dessen Biegung rechts hinab und geradeaus, dann links, noch mal links (»Kulturhaus«) über die Bachbrücke (Plansee-Ache) und links zum Bildstöck'l. Es wurde zum Gedenken an das Hochwasser vom

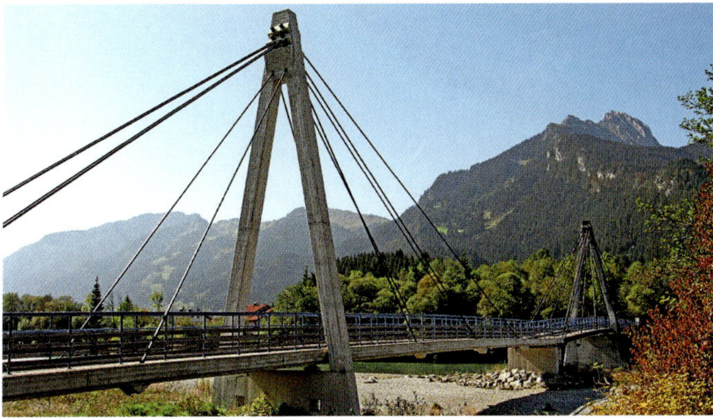

Zwischen Reutte und Pflach überspannt eine Fußgängerbrücke den Lech. Rechts die Gehrenspitze, links das Hahnenkammgebiet.

23. August 2005 errichtet, das den Ort **Pflach** überschwemmte. Auf dem Damm zwischen Bach und Sportanlagen weiter, dann rechts vor den Fischteichen zur Feuerwehr. Dort wenden wir uns links, dann rechts und kommen unterhalb der Häuser von Pflach zu einer seeartigen Ausbuchtung des Lechs mit einer Lechwegbank. Anschließend laufen wir hinauf in den Ort zur Hauptstraße (Bushaltestelle »Abzweig Kniepass«), an dieser rechts entlang, am Kirchlein vorbei und zum Hotel-Gasthof »Zum Schwanen« mit der Bushaltestelle »Altes Gemeindeamt«. Vor dem »Schwanen« links in die »Bahnhofstraße«, geht es zum Bahnhalt oder mit der letzten Etappe weiter.

→ **Tal-Variante** Etwa 1½ Std. (5 km) weniger. Wängle – »Tannenhof« ½ Std. (2 km).

Am Linksabzweig zur »Costarieskapelle« geradeaus Richtung »Wängle-Ortsmitte« bergab, als nächstes links »Niederwängle, Hinterbichl« und immer auf dem »Panoramahöhenweg« weiter. Nach dem Rechts-Links-Knick zwischen Häusern hindurch, mit Blick auf Reutte stets leicht abwärts und per Rechtsknick entlang einer Baumreihe zu einem Schilderpfahl. Hier links hinab in den Talboden und geradeaus am Hangfuß weiter zu einem **Parkplatz**, an diesem links Richtung »Hinterbichl«. Vom ansteigenden Teersträßchen nach einem Haus rechts abzweigen »Hinterbichl, Tannenhof«. Der Weg senkt sich gleich wieder, an der Verzweigung links an den Höhenweg halten, der nach einem kurzen Waldstück zu einem großen Felsen kommt und hier auf die Hauptroute trifft. Geradeaus weiter, nach ein paar Metern ist der Zugang zum bereits gesichteten »Tannenhof« angezeigt.

Gegenrichtung

In Pflach beim »Schwanen« die Hauptstraße queren, gegenüber rechts an der Straße entlang, nach dem Kirchlein und vor dem Haus Nr. 21 links hinab zur seeartigen Lechbucht. Links weiter und links-rechts auf den Damm vor der Feuerwehr. Rechts zwischen Fischteichen und Sportplatz, dann zwischen Archbach und den Sportanlagen auf dem Damm entlang zum Bildstöck'l mit Hochwasser-Gedenktafel. Rechts über die Brücke, gleich wieder rechts und noch mal rechts »Gewerbegebiet«, dann hinauf auf den Damm (Vogelerlebnispfad) und links zum **Aussichtsturm**.

Ein Platz zum Rasten ist der Frauensee, der im Sommer auch zum Baden einlädt.

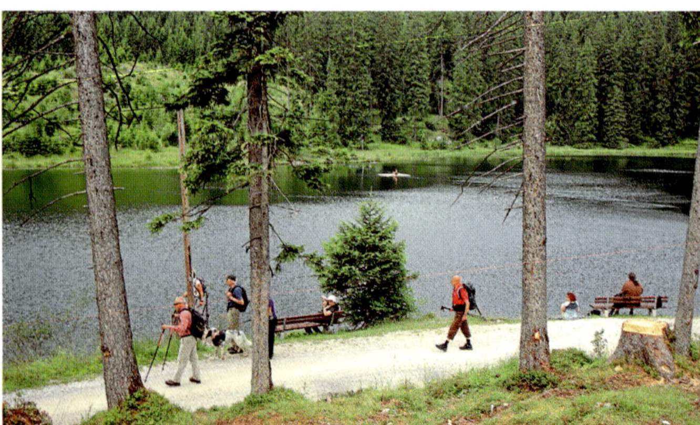

Rechts weiter, kurz darauf links über die Bachbrücke Richtung »Lechaschau« und den schattigen Uferweg zur nächsten Brücke über den Bachlauf. Anschließend durch die Auenlandschaft, direkt auf die Gehrenspitze zu, und gerade das Sträßchen weiter Richtung »Reutte«. Vor dem Haus mit der Doppelgarage (nach **Reutte** geradeaus der Beschilderung folgen) rechts auf den Damm (»Lechaschau«) und mit schönem Blick ins Hahnenkammgebiet zur **Fußgängerbrücke** über den **Lech**.

Die Brücke queren, drüben rechts zum Rastplatz und geradeaus weiter, bis der Weg einen Linksknick macht und über die Bachbrücke zur Straße vor einer Felswand führt. Jetzt links zu den Häusern von **Hinterbichl**, dann den Rechtsabzweig Richtung »Frauensee, Costarieskapelle« nehmen. Aufwärts zum Zugang »Tannenhof« und zu einem Kletterfelsen (geradeaus zur Tal-Variante), davor rechts, gleiche Beschilderung. Auf einem Steig bergan, zuletzt steiler hinauf zur Straße. Diese geradeaus weiter aufwärts zum **Frauensee**.

Links zwischen der »Frauenseestube« und der Badetreppe am Ufer entlang zum Rastplatz, an der Gabelung rechts und nun stets Richtung »Costarieskapelle«, jedoch nicht in den kurz darauf links abzweigenden Steig, sondern geradeaus weiter zur Schranke. Immer den Fahrweg aufwärts, bis die Markierung in den Linksabzweig zeigt. Stetig aber mäßig bergauf zum schönen Tiefblick auf den Frauensee, später leiten die Schilder in den nächsten Linksabzweig, und geradeaus Richtung »Lechaschau, Wängle« geht es zur **Costarieskapelle**. Dort öffnet sich schlagartig der Blick ins Reuttener Becken mit dem wuchtigen Thaneller und den Lechtaler Bergen, direkt unterhalb liegt Wängle.

Hinab zum Mauerdurchlass und den anfangs gesicherten, sehr steilen, dann etwas weniger stark abfallenden Fels-Wurzel-Steig durch den Wald hinunter zum Forstweg, auf diesem links »Lechaschau, Wängle« (geradeaus querend kürzt ein ebenfalls steiler Steig die Fahrwegkurve ab, die man jedoch besser ausläuft). Am Abzweig nach einer Rastbank (schöner Blick zum Säuling) dem Links- und Rechtsbogen abwärts folgen und immer gerade bergab zu den ersten Häusern von **Wängle**. Vor dem Wald rechts (Tal-Variante kommt hinzu) und der Linkskurve (»Panoramahöhenweg«) nach in den Forst, gerade eine

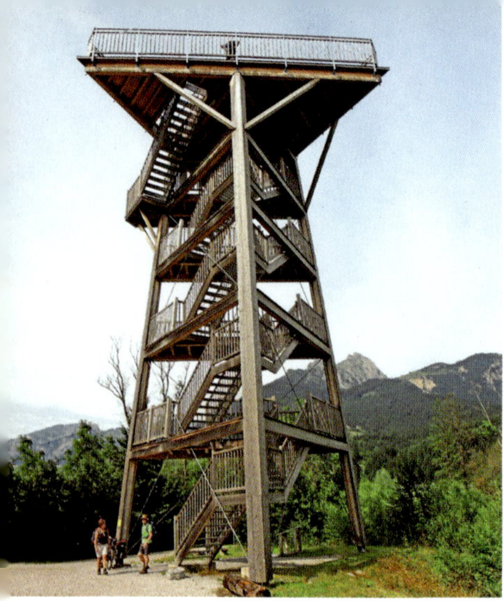

Aussichtsturm bei Pflach.

Bachrinne queren und wieder ins Freie. Man läuft auf den Thaneller und das spitze Hornbergl vor der Gaichtwand zu, kommt zum Querweg, geht diesen rechts kurz aufwärts und links über einen kleinen Bachgraben auf dem Höhenweg weiter nach **Holz** mit dem etwas zurückliegenden Hotel »Talhof«.

Vor dem Bach links abwärts zur Straße, kurz links (nach Winkl und Wängle weiter der Straße folgen) und rechts »Zum Wiesenweg«, über eine kleine Brücke, hinab zu den Sportplätzen und zur Querstraße. Auf dieser rechts am Sportheim vorbei zur Brücke. Nicht hinüber, sondern am Beginn des Geländers gleich links auf den schmalen Pfad, der auf der Ufermauer des Leinbachs gemächlich abwärts führt, konzentriertes Gehen ist angesagt. Vorbei am eingezäunten Pflanzgarten und auf der Mauer weiter, bis der Pfad in die Straße ausläuft. Rechts hinab zur L 198 und rechts über die Leinbachbrücke zum Zebrastreifen und zur Bushaltestelle (gerade hinein nach **Höfen**). Links über die Straße geht es mit der 6. Etappe weiter.

→ **Tal-Variante** Etwa 1¾ Std. (5 km) weniger. »Tannenhof« – Wängle ca. ½–¾ Std. (2 km). Nach dem Zugang zum »Tannenhof« bei dem großen Felsen geradeaus den Hauptweg verlassen und immer dem »Panoramahöhenweg« (»Niederwängle, Wängle«) folgen. Mäßig steigend bis zur Asphaltstraße, diese links abwärts zum Parkplatz, dort rechts »Niederwängle, Wängle«. Am Hangfuß entlang, dann geradeaus ansteigend zu einem Schilderpfahl, rechts entlang der Baumreihe aufwärts »Wängle, Winkl, Holz«. Zwischen Häusern hindurch und Rechts-Links-Knick zu einer Vorfahrtstraße. Auf dieser rechts zum nahen Treff auf den Hauptweg und gerade weiter bergan.

Sehenswert, wissenswert

→ **Wängle** (883 m, 910 EW) besitzt die sehenswerte Kirche zum Heiligen Martin. Sie wurde 1702 erbaut und ist mit Deckengemälden von Franz Anton Zeiller (1786) ausgestattet, die Altarbilder malte Paul Zeiller (1704).

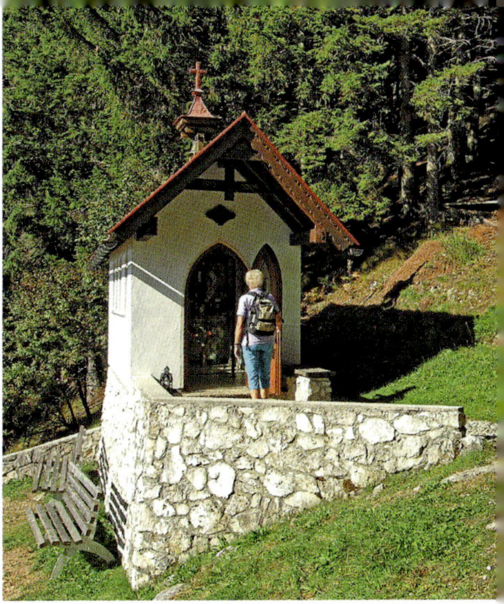

Die Costarieskapelle.

→ **Die Costarieskapelle** (1157 m) geht auf die im Jahr 1856 errichtete Ecco-Homo-Kapelle zurück. 1902 ist in der Pfarrchronik vermerkt, dass die Errichtung einer Lourdes-Kapelle beabsichtigt war, was jedoch am Seelsorger von Wängle scheiterte, der das nicht wollte. Doch die Menschen blieben beharrlich, und so begannen die Bauarbeiten im Sommer 1912, die Weihe erfolgte im September 1913. Am Holzkirchlein nagte der Zahn der Zeit, ein Neubau war unumgänglich, und so steht seit 2003 ein fester Steinbau an diesem aussichtsreichen Platz.

→ **Der Frauensee** (972 m) liegt oberhalb vom Reuttener Ortsteil Lechaschau im Frauenwald. Hier fand von der Antike bis ins frühe Mittelalter bereits Bergbau statt, wobei Eisenerz aus Höhlen und Gruben geholt und verhüttet wurde.

→ **Reutte** (854 m, 5900 EW) war ursprünglich eine Tochtersiedlung der heutigen Gemeinde Breitenwang. Es ist der größte Ort im Tiroler Lechtal, wurde 1278 erstmals urkundlich erwähnt und gewann ab 1464 durch den Bau einer Brücke über den Lech und die Begradigung der Straße zusehends an Bedeutung. 1489 erfolgte die Markterhebung, 1743 lehnte Reutte die Stadterhebung aus finanziellen Gründen ab, stand aber seit 1816 als Zentralort des gesamten heutigen Außerferns im Status einer Stadt und war ab 1868 Sitz des Bezirkhaupt-

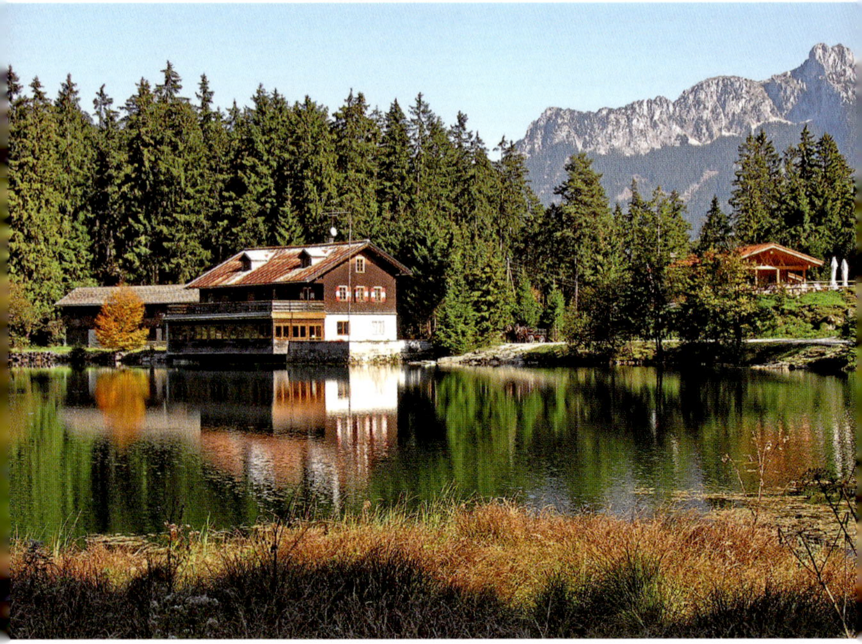

Hinter dem idyllischen Frauensee erhebt sich der Säuling. Rechts die gastliche »Frauenseestube«.

manns. Nach 1945 festigte Reutte durch konsequenten Ausbau von Wirtschaft und Bildung seine Zentralfunktion, eine Stadterhebung wurde jedoch nie angestrebt, so dass es heute neben Tamsweg der einzige Bezirkshauptort in Österreich im Rang eines Marktes ist.

Der Name Außerfern leitet sich von einer Urkunde aus dem Jahr 1296 her, in der der Gerichtsbezirk Reutte, der damals zur Grafschaft Oberinntal gehörte, als »Gericht außer dem Fern(pass)« bezeichnet wurde. Kirchlich gesehen unterstand das Außerfern dem Bistum Augsburg, das im Oberen Lechtal größere Besitzungen hatte.

In Reutte, Untermarkt 25, findet sich das **Museum im Grünen Haus**. Lüftlmalereien zieren die Fassade des stattlichen Bürgerhauses aus dem 16. Jh. Bei der 1989 erfolgten Renovierung wurden im 2. Stock einzigartige Renaissance-Malereien freigelegt. Die Sammlung umfasst Werke von bedeutenden Reuttener Künstlern, wie z. B. Balthasar Riepp und der Malerfamilie Zeiller, deren berühmtester Spross Johann Jakob Zeiller (1708–1783) war. Ebenso sind Bilder der Geierwally Anna Stainer-Knittel (siehe Elbigenalp) vorhanden. Außerdem gibt das Museum Einblick in die wechselvolle Geschichte des Ortes sowie die Wohn- und Arbeitsverhältnisse früherer Zeiten. (Sommersaison 1. Mai–31. Okt. Di.–Sa. 13–17 Uhr, jeden 1. Do. im Monat um 17.30 Uhr Führung, weitere Führungen für Gruppen auf Anfrage, Tel. 0043/(0)5672/72304, www.museum-reutte.at).

→ **Pflach** (836 m, 1000 EW) besitzt mit dem im Süden angrenzenden Naturschutzgebiet **Pflacher Au** ein Juwel vor seiner Haustür. Die von Seen und Wasserarmen durchzogenen Auwälder sind vor allem als Rückzugsgebiet für bedrohte Vogelarten von großer Bedeutung. Besonders schön ist das Gelände vom 17 m hohen Aussichtsturm zu überschauen, an dem der Lechweg vorbei führt.

Extra-Tour

Wer Zeit hat, sollte noch den rund 2 km langen **Vogel-Erlebnispfad** mit anschaulichen Informationstafeln absolvieren, den man vom Turm aus entweder links oder rechts herum gehen kann (siehe Übersichtstafel beim Turm). Er führt bei der Hauptrichtung geschickterweise vom Turm zurück zur Bachbrücke, nun jedoch gerade zum Lech, auf einem Waldpfad an diesem entlang in die Weichholzaue, dann rechts am Archbach weiter und trifft nördlich vom Turm wieder auf den Lechweg, hier nach links den Damm verlassen. Für die Gegenrichtung gilt bei Erreichen des Damms rechts halten, dann immer links herum zum Turm, von da zurück zur nahen Bachbrücke und Richtung »Lechaschau« den Lechweg weiter.

Von Pflach nach Füssen

Königsschlösser, Kalvarienberg und der Lechfall

Start Pflach (840 m), Hotel-Gasthof »Zum Schwanen«.
Gegenrichtung: Füssen (800 m), am Lechfall.
Verkehrsanbindung Bus 100 und 74, Haltestelle Pflach »Altes Gemeindeamt« direkt beim »Schwanen« oder Bahnhof nahe dem »Schwanen«.
Gegenrichtung: Zug oder Bus nach Füssen, Parkplätze siehe unter Serviceteil. Zugang von da zum Lechfall oder vom P 2 zum Bahnhof (für Tourstart per Bus nach Lech) unter Gegenrichtung am Tourbeginn.
Gehzeiten Etwa 4¼–5 Std. (15 km).
Pflach – Kniepass ½ Std. (2 km) – Scheitelpunkt 1 Std. (3 km) – Alpsee ½ Std. (2 km) – Pindarplatz ¾ Std. (3 km) – Kalvarienberg 1¼ Std. (4 km) – Lechfall ¼ Std. (1 km).
Vom Lechfall nach Füssen zum Bahnhof oder P 5 ca. ½ Std. (2 km), zum P 2 ca. ¼ Std. (1 km).
Gegenrichtung: Etwa 4½–5¼ Std. (15 km).
Lechfall – Kalvarienberg ½ Std. (1 km) – Pindarplatz 1 Std. (4 km) – Abzweig vom Alpsee ¾ Std. (3 km) – Scheitelpunkt 1 Std. (2 km) – Kniepass ¾ Std. (3 km) – Pflach ½ Std. (2 km).
In Füssen vom P 2 ca. ¼ Std. (1 km), vom Bahnhof oder P 5 ca. ½ Std. (2 km) zum Lechfall.
Charakter Abwechslungsreiche Strecke mit wechselndem Bergauf, Bergab. Längere und/oder stärkere Anstiege von der Sternschanze zum Scheitelpunkt und auf dem Steig zum Kalvarienberg; in der Gegenrichtung vom Lechfall zum Kalvarienberg und vom Alpsee zum Scheitelpunkt. Aussichtshöhepunkte: am Alpsee und

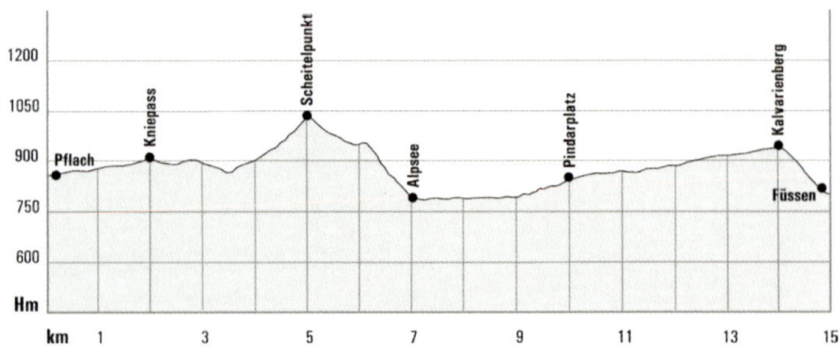

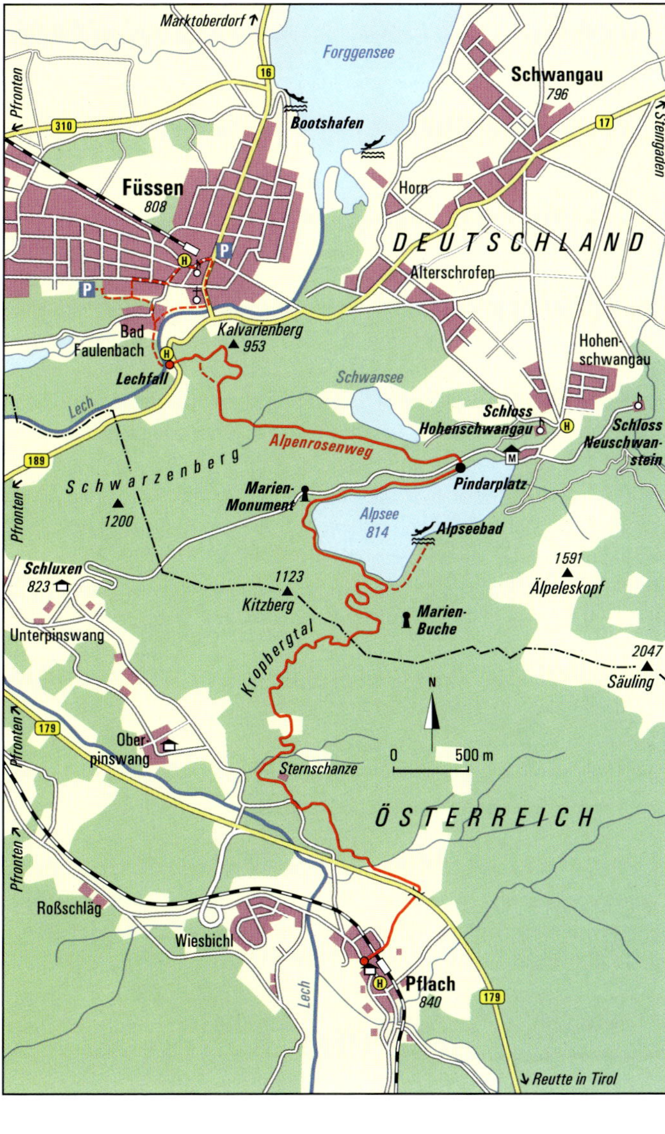
Marktoberdorf
Forggensee
Schwangau
796
Pfronten
310
16
Bootshafen
17
Steingaden
Füssen
808
Horn
DEUTSCHLAND
Alterschrofen
Bad
Faulenbach
Kalvarienberg
953
Hohen-
schwangau
Lechfall
Schwansee
Lech
Schloss
Hohenschwangau
Schloss
Neuschwan-
stein
Alpenrosenweg
189
Schwarzenberg
Pindarplatz
Pfronten
Marien-
Monument
1200
Alpsee
814
Alpseebad
1591
Schluxen
823
1123
Kitzberg
Älpeleskopf
Marien-
Buche
Unterpinswang
Kropbergtal
2047
Säuling
N
Pfronten
179
Ober-
pinswang
0
500 m
Sternschanze
ÖSTERREICH
Pfronten
Roßschläg
Wiesbichl
Pflach
840
Lech
179
Reutte in Tirol

vom Kalvarienberg. Für Füssen, die Königsschlösser und das »Museum der bayerischen Könige« ein bis zwei Zusatztage planen.

Einkehr Am Alpsee etwas abseits im Ort, am Lechfall und in Füssen. In Pflach Gasthof »Zum Schwanen« (Mo.–Sa. ab 18 Uhr, So. und Feiertage 11.30–14 Uhr und ab 18 Uhr, Mi. Ruhetag).

Baden Freibad am Alpsee. Bei Erreichen des Seeufers rechts, dann den linken Weg (etwa 8–10 Minuten).

Wegverlauf

Wir haben in Pflach die Hauptstraße hinüber zum »Schwanen« gequert und wenden uns beim Gasthof in die »Bahnhofstraße«, kreuzen die Gleise und marschieren gerade hinaus in die Wiesen, direkt auf den Säuling zu. Linksseitig haben wir die Zacken der Tannheimer Berge, ebenso die Große und Kleine Schlicke und den Vilser Kegel. Leicht ansteigend schlängelt sich der Teerweg zur Unterführung der B 179. Danach links und immer unterhalb der Straße entlang, gehen wir an der nächsten Unterführung gerade weiter, an der folgenden übers Bächlein und rechts. Bei der eingezäunten kleinen Rehfutterstelle zeigt das »L« nach links, steil in den Wald hinauf. Zunächst flacher weiter, öffnet sich ein Blick auf den Lech, und erneut ansteigend treffen wir auf eine Forststraße. Links abwärts folgen wir ihren Windungen bis zur Straße am **Kniepass**.

Rechts laufen wir etwa 200 m auf dem Grünstreifen neben der Straße einher, dann rechts in eine Parkbucht, folgen dort noch dem Linksbogen Richtung »Sternschanze« und zweigen nahezu gerade ab. Der steile Weg führt hinauf in den Wald. An der Gabelung halten wir uns rechts und sind bereits nach guten fünf Minuten bei den Mauerresten der **Sternschanze**, einem Vorposten der Burg Ehrenberg. Dahinter stehen der Vilser Kegel und die Große und Kleine Schlicke, im Tal liegt Oberpinswang. Vor dem Gemäuer rechts und den Pfad hinab zu einem Fahrweg (links zur Straße, dann rechts ginge es nach Oberpinswang), diesen geradeaus weiter, nun immer Richtung »Alpsee, Königsschlösser«.

Wir passieren Forstgebäude mit einem Holzlagerplatz und gehen an der Wegeteilung links über den Bach. Der Fahrweg steigt nun gemächlich aber beständig an, nach einer scharfen Rechtskurve steht erneut der Säuling im Bild. An den beiden folgenden Abzweigungen müssen wir gerade durchs Wiesengelände weiter aufwärts, zur Linken präsentieren sich wunderschön die Tannheimer Gipfel. Der Weg erreicht wieder den Wald, und nach dem Weidegatter halten wir uns links (»Alpsee, Königsschlösser«), an der nächsten Gabelung rechts. Schließlich kommen wir zum **Scheitelpunkt**, an dem die Beschilderung und das »L« nach links weisen.

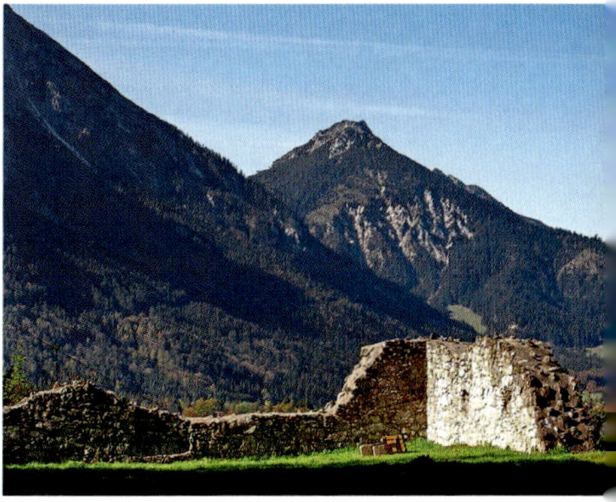

Sternschanze oberhalb vom Kniepass, hinten der Vilser Kegel.

Bergab folgen wir dem Steig, der in einem schmalen Einschnitt entlang läuft und sich rechts wendet. Nach wenigen Metern wartet eine kurze felsige Stelle, die mit Ketten gesichert ist. Noch zweimal geht es ein Stück recht steil abwärts, dann wird der Weg breiter und trifft auf einen Querweg. Wir wenden uns links Richtung »Kitzbergweg, Israelit« und zweigen nach dem Linksbogen links ab in ein Steiglein, das zunächst leicht ansteigt. Bald schimmern der Alpsee und die Schlösser durch die Bäume, und in kurzweiligem Auf und Ab geht es im überwiegend mit Buchen bestandenen Hang entlang. Vor einem quer laufenden Einschnitt wendet sich der Steig nach rechts, es geht weiter bergab. Bei einem Felsen mit Wegweisern müssen wir rechts »Gnomensteig, Israelit, Alpsee.« Ständig abwärts, dann geradeaus, laufen wir unter der teils überhängenden Felswand (Israelit) entlang, an der auch geklettert wird. Kurz vor dem **Alpsee** nehmen wir links das Steiglein hinab zum Ufer.

Der Wanderweg führt links und teilweise über Gitterbrücken direkt am Wasser entlang. Bildschön liegen auf der anderen Seite die beiden Schlösser Hohenschwangau und Neuschwanstein, dazwischen am See das frühere »Königliche Hofhotel zur Alpenrose«, in das 2011 das »Museum der bayerischen Könige« Einzug hielt. Wir bleiben immer auf dem »Alpseerundweg«, der sich ans Ufer hält und um eine Bucht

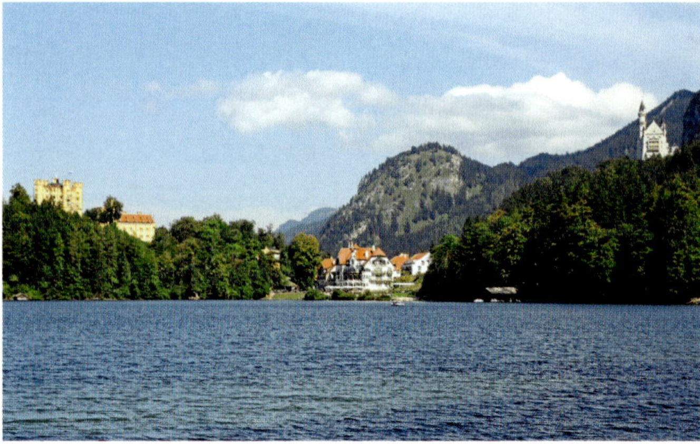

Schloss Hohenschwangau und Neuschwanstein sowie das Museum der bayerischen Könige vom Südufer des Alpsees.

zum **Marien-Monument** führt. Der Felsen trägt eine Tafel »Zur Erinnerung an Ihre Majestät die Königin-Mutter Marie von Bayern«, die damals schon – für Frauen ungewöhnlich – gerne auf die Berge gestiegen ist, und das mit langer Hose und einem Rock darüber. Der Rundweg läuft erneut um eine Bucht herum, steigt wenig später an und führt oberhalb der Felsabstürze zum Abzweig »**Pindarplatz**«, einer Aussichtskanzel hoch über dem blaugrün schimmernden Wasser, zu der ein paar Stufen hinabführen und von der man Schloss Neuschwanstein und das Museum sieht.

Zurück und weiter zur nahen »Fürstenstraße«. Auf dieser kurz rechts (gerade abwärts wären es etwa 5–8 Minuten zum Museum, dort links weiter zum Ticket-Center für die Schlossführungen) und gleich wieder links zur Verzweigung Alpenrosenweg/Fischersteig. Wir nehmen links den **Alpenrosenweg** Richtung »Ziegelwies, Füssen«. Mehr oder weniger gemächlich steigend geht es im steilen, von Felsen durchsetzten Waldhang entlang. Unterhalb liegt der Schwansee, und über Schwangau hinaus schauen wir kurz zum Forggensee. Das auffällige Gebäude auf dem Hügel ist Schloss Bullachberg. Unter einer

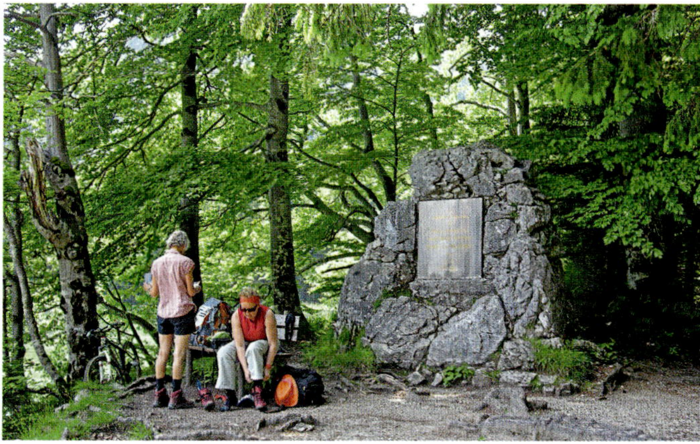

Das Marien-Monument am Alpsee wurde zu Ehren der Mutter von König Ludwig II. errichtet.

hohen Felswand müssen wir ein paar Stufen hinauf, dann kommen wir zu einer Gabelung. Rechts hinab zu einer Kreuzung, geradeaus und noch mal kurz steigend, gehen wir an der nächsten Kreuzung (mit dem Königssträßchen) weiter geradeaus Richtung »Lechfall, Maxsteg« (als Abkürzung bei Schlechtwetter oder aufkommender Müdigkeit kann man nach wenigen Metern links den Steig Richtung »Füssen« direkt zum Lechfall nehmen, ca. 10 Min.).

Am Abzweig nach Füssen bleiben wir geradeaus auf dem breiten Weg und laufen auf dem gleich folgenden Querweg rechts bergan, über einen Platz mit Kletterfelsen und flach weiter, vorbei an einem Schuppen. Bevor der Weg sich senkt, zweigt links ein Steig ab zum »**Kalvarienberg**«, der kräftig bergauf führt und letztlich über Bohlenstufen die Höhe erreicht. Nun steigen wir der Kapelle aufs Dach und genießen den herrlichen Tiefblick auf Füssen mit dem Hohen Schloss und dem Kloster St. Mang, dahinter glänzt der Hopfensee. Auch der Weißensee und der Forggensee sind teilweise zu sehen. Andererseits liegen der Schwansee und die Königsschlösser wahrlich märchenhaft vor den Tegelberg, Hohen Straußberg und Säuling gebettet. Im Westen sieht man Vils und ein Stück vom Lech sowie die Gipfel der Tannheimer Berge bis zum Breitenberg bei Pfronten.

Nun geht es auf dem Kreuzweg-Steig immer abwärts, zu einem Platz mit einer Kreuzigungsgruppe und einer weiteren Kapelle. Vor dem Kirchlein spazieren wir gerade durch die Wiese und auf dem breiten Weg links Richtung »Lechfall« durch den Wald hinab zu einem Asphaltweg. Wir laufen rechts weiter bergab, dem Linksbogen nach und hinab zur Straße. Auf der anderen Seite wartet der **Lechfall**, bei dem der Lechweg endet.

Ab hier kann man noch 5 oder mehr Tage auf dem **LechErlebnis-Weg** weiterwandern bis in die romantische Altstadt von Landsberg am Lech. Der Weg führt am Westufer des Forggensees entlang, berührt das mittelalterliche Schongau und folgt stets dem Fluss durch die leicht hügelige Panoramalandschaft des Alpenvorlandes, durch die bereits die Römer bis zu ihrer Provinzhauptstadt Augusta Vindelicum, also nach Augsburg zogen.

Ferner ist Füssen auch der Start- oder besser Endpunkt des **König-Ludwig-Weges**, der vom Starnberger See zum Ammersee, über den Hohen Peißenberg und durch die Ammerschlucht, über Rottenbuch und die weltberühmte Wieskirche auf wunderschönen Wegen zu den Königsschlössern führt. Zu beiden Weitwanderwegen finden Sie im Berg & Tal Verlag ebenfalls Führer mit den Titeln »LechErlebnisWeg« und »König-Ludwig-Weg«.

→ **Nach Füssen**: Man quert den Lechfall über den Maxsteg und geht teils über Stufen hinauf zum Querweg, diesen rechts hinab nach Bad Faulenbach. Am Abzweig »Schwärzerweg« kann man gleich rechts die Treppe hinab zum Lechufer nehmen und – immer unten bleiben – an diesem entlang zur Lechbrücke in Füssen gelangen. Jetzt links hinauf und am Kloster St. Mang vorbei in die Altstadt, oben am Platz mit dem Brunnen rechts und kurz vor der Hauptstraße links (gerade über die Kreuzung zum P 5) durch die Luitpold-Passage, über den Zebrastreifen zum Hotel »Luitpold«, kurz rechts, dann links zum Bahnhof.

Wer zum Parkplatz 2 muss, bleibt am Abzweig »Schwärzerweg« geradeaus auf der Straße. Dann vor dem Parkhotel links den »Kapellenberg« hinauf, oben der Straße nach durch die Felsenenge und gleich danach links hinab zum Parkplatz. Den nächsten Weg links, unterhalb vom Hang entlang, dann durch die Gittertore der Feuerwache (oder rechts drum herum) zum Eissportzentrum mit dem P2.

Gegenrichtung

→ **Vom Bahnhof Füssen zum Lechfall**: Man verlässt den Bahnhof und geht links durch die »Bahnhofstraße« zum Kreisel vor dem Hotel »Luitpold«, kurz rechts und links über den Zebrastreifen, dann gleich durch die Luitpoldpassage in die Altstadt. Rechts auf den Schlossberg zu, am Platz mit dem Brunnen links hinab zur Lechbrücke und zum Lechufer. Rechts an diesem entlang nach Bad Faulenbach, dort links den »Kapellenberg« abwärts und wie von den Parkplätzen zum Lechfall.

→ **Von den Parkplätzen zum Lechfall**: Vom P2 vor dem Eissportzentrum in östlicher Richtung durch den Parkplatz und durch beide Tore der Feuerwache, anschließend links weiter (falls die Tore geschlossen sind, zur Hauptstraße, rechts und die nächste Straße rechts, dann links). Unterhalb vom Hang zum nächsten großen Parkplatz (gebührenpflichtig), davor rechts bergan und zur Straße nach Bad Faulenbach. Rechts durch die Felsenenge in den Ort. Vor der Kirche rechts, dann links den »Kapellenberg« abwärts. Nach dem Parkhotel gerade aufwärts und gerade den »Ländeweg« weiter, kurz bergan aus dem Ort, dann links hinab zum Maxsteg und über den Lechfall. Vom P5 in die Altstadt und wie vom Bahnhof aufs Schloss zu, hinab zur Lechbrücke und weiter zum Lechfall.

→ **Von den Parkplätzen zum Busbahnhof**: Bei Wanderstart in Lech vom P2 wie oben bis zum gebührenpflichtigen großen Parkplatz, davor links zur Hauptstraße, rechts auf den Kreisel zu, zuvor die Straße queren und linksseitig des Kreisels und der Hauptstraße zum nächsten Kreisverkehr, dann links den Fußweg zum nahen Busbahnhof. Vom P5 ins Zentrum mit der Ampelkreuzung (und Information Füssen Tourismus), dort östlich die Straße weiter zum Hotel »Luitpold« und gerade zum Bahnhof.

Wegverlauf

Vom Lechfall hinauf zur Straße, diese queren, drüben beim Restaurant das Teersträßchen bergauf und dessen Rechtsbogen folgen. Dann im spitzen Winkel links ab (»Kalvarienberg«) und hinauf zum Platz mit Kreuzigungsgruppe und Kapelle. Rechts durch die Wiese an der Kapelle und dem Holzkreuz vorbei, dahinter den Steig hinauf zum **Kalvarienberg**.

Oben auf der Ostseite zum Wegweiser (»Drei-Schlösser-Weg«) und rechts kräftig abwärts, hinunter zu einem Querweg, auf diesem rechts Richtung »Lechfall, Ziegelwies«. Nach dem Platz mit den Kletterfelsen bergab und den nächsten Weg links zur Kreuzung mit dem Königssträßchen. Gerade bergan »Alpenrosenweg, Hohenschwangau«, an der nächsten Kreuzung gerade aufwärts und links auf dem **Alpenrosenweg** Richtung »Hohenschwangau«. Überwiegend abwärts zum Abzweig des Fischersteigs, dort gerade weiter zum Teersträßchen (Fürstenstraße, links ginge es zum »Museum der bayerischen Könige«), kurz rechts und gleich links, dann gerade über Stufen hinab kurzer Abstecher zum **Pindarplatz**.

Rechts weiter Richtung »Marien-Monument«. Hoch über dem Alpsee im Hang dahin, hinab zum Ufer und um eine Bucht herum zum **Marien-Monument**. Um die nächste Bucht und auf dem Alpseerundweg mit herrlichem Blick auf die Königsschlösser und das Museum zur letzten Gitterbrücke, hier steht am Ufer eine Bank (zum Freibad auf dem Seerundweg weiter, ca. 8 Min.).

Rechts den Steig hinauf in den Wald zu einem breiten Weg, diesen rechts weiter aufwärts und rechts auf die Felswand, den **Israelit** zu. Ansteigend direkt unter der Wand entlang. Bei den Wegweisern »Gnomensteig, Kitzbergweg« rechts, vor einem Felsen mit Wegweisern links »Kitzbergweg, Marienbuche«. Mal flacher, mal stärker steigend durch den Buchenwald, der Alpsee und die Schlösser lugen durch die Bäume. Neben einem Einschnitt empor, dann wendet sich der Steig nach links, fällt leicht ab und kommt zu einem Forstweg, diesen geradeaus weiter zu einem Abzweig. Hier rechts »Oberpinswang« und an der gleich folgenden Gabelung den linken Weg, der zum Steig wird. Stellenweise steil ansteigend zu einer kurzen, mit Ketten gesicherten

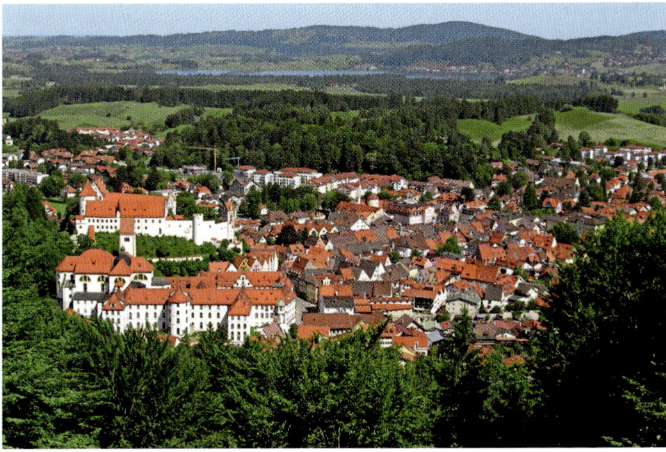

Vom Kalvarienberg öffnet sich ein schöner Blick auf Füssen mit Klosteranlage und Schloss. Hinten der Hopfensee.

Schrofenstelle, dann gemächlicher in einem Einschnitt bergauf (»Pinswang«) und zu einem Forstweg, dem **Scheitelpunkt**.

Rechts immer Richtung »Pinswang« bergab. Durch ein Weidegatter und durch Wiesen – rechts die Tannheimer Berge, voraus der Tauern und Thaneller – hinunter zu Abzweigungen, dort jeweils gerade auf dem Fahrweg weiter abwärts. Unten gerade zum forstwirtschaftlichen Platz, dann noch vor der Straße (die rechts nach Oberpinswang führt) links abzweigen in ein schmales Steiglein, das kurz und steil hinauf zur **Sternschanze** leitet. Links weiter noch etwas ansteigend, dann kräftig hinab zur Parkbucht, durch diese gerade zur Straße am **Kniepass** und links etwa 200 m an dieser entlang.

Wo die Hochspannung die Straße quert, links in die beschrankte Forststraße. Sie beginnt zu steigen, rechts auf dem Hauptweg bleiben. Noch unter der Hochspannungsleitung durch, dann rechts abzweigen in einen Waldweg. Er fällt ab und führt steiler hinab zum Querweg mit der eingezäunten Rehfütterung. Rechts und vor der Unterführung links, unterhalb der B 179 entlang bis zur übernächsten Unterführung.

Rechts hindurch und leicht abfallend durch die Wiesen nach **Pflach**, prachtvoll stehen rundum die Berge im Bild. Beim Bahnhof über die Gleise und zur Hauptstraße mit dem Hotel-Gasthof »Zum Schwanen«. Hinüber queren und rechts mit der 7. Etappe weiter.

Sehenswert, wissenswert

→ **Königsschlösser und »Museum der bayerischen Könige«** Vom Alpsee aus oder von Füssen mit dem Bus sind die Königsschlösser leicht zu erreichen. Eintrittskarten mit der Einlasszeit für die Schlösser (fürs Museum auch dort) erhält man nur beim Ticket-Center, Alpseestr. 14, in der unterhalb der Schlösser gelegenen Ortschaft Hohenschwangau. Telefonische oder online-Vorbestellung möglich: Tel. 08362/930830, www.ticket-center-hohenschwangau.de; Ticket-Verkaufszeiten 1. April bis Mitte Okt. von 7.30–17 Uhr, von Mitte Okt. bis 31. März von 8.30–15 Uhr. Es gibt auch Kombi-Karten für die Schlösser plus Museum.

→ Die Burg Schwanstein, das heutige **Schloss Hohenschwangau**, ist bereits im 12. Jh. als Sitz der Edlen von Schwangau erwähnt und wurde 1535 durch den Augsburger Kaufmann Paumgartner vom letzten Ritter von Schwangau erworben. 1832 kaufte der Vater von Ludwig II., König Maximilian II., die ruinöse Burg und ließ sie von dem Architektur- und Theatermaler Domenico Quaglio in neugotischem Stil instand setzen. Die edel gestalteten Innenräume und Einrichtung aus der Biedermeierzeit strahlen bis heute Wohnlichkeit aus, während Neuschwanstein eher einer Theaterkulisse gleicht. Auf Hohenschwangau verbrachte Ludwig als junger Bayernprinz einen Großteil seiner Kindheit. Seine Mutter, Königin Marie von Bayern (1825–1889), der das Marien-Monument am Alpsee gewidmet ist und die oft in Elbigenalp weilte, lebte nach Ludwigs Tod noch drei Jahre auf dem Schloss, bevor sie dort verstarb. Heute ist der Wittelsbacher Ausgleichsfonds Eigentümer des Schlosses.

→ Zur Illusionswelt König Ludwig II. gehörten vor allem die deutschen Ritter- und Heldensagen. Nachdem ihn die Wartburg bei Eisenach stark beeindruckt hatte, ließ er 1869 nach Plänen des Theater-

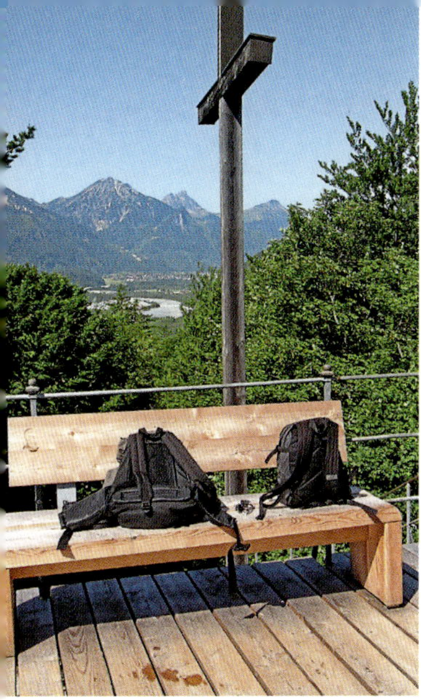

Der Lech Richtung Vils vom Kalvarienberg

malers Christian Jank und unter Leitung des Königlichen Hofbaumeisters Eduard Riedel anstelle der alten Burgruine Hohenschwangau über der Pöllatschlucht **Schloss Neuschwanstein** errichten. Die Heldenopern seines Freundes Richard Wagner fanden in der Innenausstattung, für die Julius Hofmann und später auch Baudirektor Georg von Dollmann verantwortlich zeichneten, ihren Niederschlag. Nach dem Tod des Königs am 13. Juni 1886 im Starnberger See wurde der Bau eingestellt und blieb bis heute unvollendet. In Neuschwanstein hat Ludwig II. ab 1884 bis zu seinem Tod insgesamt nur 172 Stunden gelebt, er bevorzugte das Lustschlösschen Linderhof im nahen Ammertal. Sein »Märchenschloss« Neuschwanstein aber ist eines der bedeutendsten Touristenziele in Deutschland, Eigentümer ist der Freistaat Bayern.

→ Direkt am Alpsee und überragt von den Königsschlössern hat im Sommer 2011 im früheren »Königlichen Hofhotel zur Alpenrose« das »**Museum der bayerischen Könige**« Einzug gehalten. Auf 1500 qm und mit modernster Museumstechnik präsentiert es die Geschichte der Wittelsbacher Dynastie und ihrer bayerischen Könige. Gezeigt werden u.a. kostbare Tafelaufsätze, der Mantel König Ludwig II. und ein Service, das aus 326 Teilen besteht. Es wurde zur goldenen Hochzeit des letzten bayerischen Königspaares gefertigt und jedes Stück mit einem eigenen Motiv versehen, zu dem die Majestäten jeweils einen persönlichen Bezug hatten (täglich geöffnet von 9–17 Uhr, Tel. 08362/887250 www.hohenschwangau.de).

→ **Die Fürstenstraße** war als Passübergang vom Gebirge ins Alpenvorland vermutlich schon den Römern bekannt. Im späten Mittelalter (1515) ist in einem Grenzvertrag bereits von einem Vorweg die Rede. Zur besseren Anbindung an Österreich wurde im 18. Jh. von der Straße in Pinswang eine Verbindung zum Schloss Hohenschwangau hergestellt. Kronprinz Maximilian von Bayern gab 1838 den Auftrag, die Straße in der heutigen Trassierung auszubauen und eröffnete sie bereits am 18. August 1839 mit einer feierlichen ersten Fahrt.

→ **Der Kalvarienberg** (853 m) wurde im 19. Jh. auf Veranlassung des damaligen Füssener Stadtpfarrers Johann Baptist Graf angelegt. Er bietet einen herrlichen Blick über die Füssener Altstadt ins Alpenvorland mit seinen Seen, andererseits auf die Schlösser Neuschwanstein und Hohenschwangau, den Schwansee und die Bergwelt. Die Annalen besagen, dass König Ludwig II. am Karfreitag 1886, wenige Wochen vor seinem Tod, an den 14 Kreuzwegstationen gebetet hat.

→ **Der Lechfall** entstand am Ende der letzten Eiszeit (Würmeiszeit), als sich das Schmelzwasser im Vilstal zu einem großen See sammelte, der bis nach Pfronten reichte und dem im Norden durch einen Querriegel aus Wettersteinkalk der Ablauf verwehrt war. Der Überlauf des Beckens befand sich an der Stelle des heutigen Lechfalls, wo das Wasser 100 Meter tief stürzte und sich in den damaligen Füssener See ergoss. Im Laufe der Jahrtausende grub sich der Lech einen Durchlass und vertiefte ihn immer mehr, so dass der so genannte Pfrontener See nach Norden abfließen konnte und trocken fiel. Heute beträgt die Fallhöhe nur noch gute 7 Meter, danach tost das Wasser wild schäumend durch die enge Klamm. Sie ist die einzige Schlucht im bayerischen Alpenraum, durch die ein größerer Gebirgsfluss noch ungehindert fließen kann. Sagenumwoben ist dieser Naturschauplatz, beispielsweise soll der Heilige Magnus (um 750) auf seiner Flucht vor den Heiden nördlich des Falls über den Lech gesprungen sein. Auf dem Felsen beim Parkplatz, den man heute »**Magnustritt**« nennt, sind runde Vertiefungen zu finden, die als seine Fußabdrücke gelten. Gegenüber ist an der Felswand eine Büste von König Maximilian II. zu sehen.

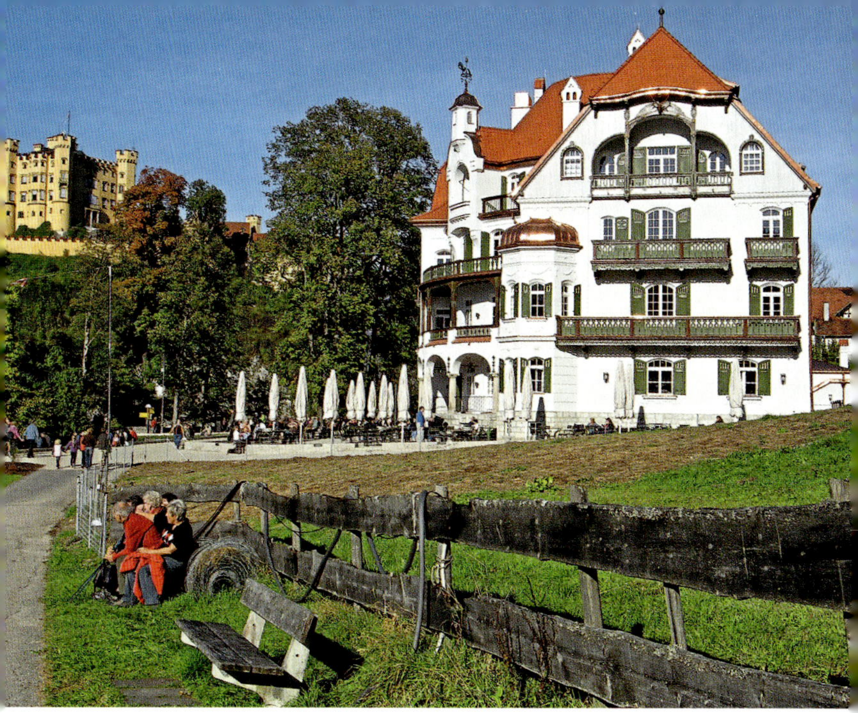

Lohnenswert: der Besuch der Königsschlösser. Links Hohenschwangau, rechts das Museum der Bayerischen Könige.

Beim Lechfall kann man von der Straße aus noch hinuntergehen in die Lechauen des Walderlebniszentrums Ziegelwies (WEZ) und vom grenzüberschreitenden Baumkronenweg aus Abschied nehmen vom Lech. Das WEZ ist ein interessantes Familien-Ausflugsziel und gliedert sich in einen Bergwald- und einen Auwaldpfad mit einem Ausstellungsgebäude am früheren Grenzübergang Füssen.

→ **Füssen** (800 m, 14.460 EW) Das malerische Städtchen ist eine der ältesten Siedlungen am Nordrand der Alpen und wurde gegründet lange bevor die Römer kamen. Diese bauten hier ihr erstes Militärlager, dessen Name urkundlich als »Foetibus« erwähnt wird. Um 840/850 entwickelte sich aus der Missionszelle des Heiligen Magnus das Benediktinerkloster St. Mang, das bis zur Säkularisation 1803 bestand.

Unter Rudolf von Habsburg erfolgte spätestens 1295 die Stadterhebung. Aus bayerischem Besitz kam Füssen 1313 an die Augsburger Bischöfe. Bevor die Stadt 1803 erneut bayerisch wurde, hatte sie unter dem Bauernaufstand, dem Schmalkaldischen und Dreißigjährigen Krieg zu leiden, sowie unter dem Bayerisch-Österreichischen Erbfolgekrieg, der 1745 durch den »Füssener Frieden« ein Ende fand. Die wirtschaftliche Blüte im Mittelalter und zu Beginn der Neuzeit hat das Stadtbild umfassend geprägt. So ist die **Altstadt** ein regelrechtes Schatzkästlein (Führungen buchbar über Füssen Tourismus und Marketing).

Das **Hohe Schloss** steht auf dem Platz des einstigen römischen Kastells. Hier begann 1291 der bayerische Herzog Ludwig der Strenge widerrechtlich mit dem Bau einer Burg, den der Augsburger Bischof einstellen ließ. 1322 erwarb dieser den Burgberg, und bis 1504 wurde die angefangene Burg zum Sitz eines Pflegamts und einem prächtigen Burgschloss gestaltet, das die Fürstbischöfe von Augsburg als Sommerresidenz nutzten. Berühmt ist der Festsaal (»Rittersaal«) mit der spätgotischen Holzkassettendecke, schön anzuschauen die spätmittelalterliche Illusionsmalerei im Innenhof . Das Schloss beherbergt heute die **Staatsgalerie**, eine ausgewogene Sammlung mit Werken von der Spätgotik bis ins 19. Jh., zeichnerischen Köstlichkeiten des Grafen von Pocci und altdeutsche Skulpturen (gleiche Öffnungszeiten wie Museum, siehe rechte Seite, Führungen Mai–Anf. Nov. jeden Samstag 14–15 Uhr, ab 10 Personen auch nach Vereinbarung). Unterhalb liegt das ehemalige **Kloster St. Mang**. Zahlreiche Kunstwerke von der Romanik bis zum Rokoko illustrieren die wechselvolle Geschichte der Abtei, die nicht nur geistlicher Mittelpunkt, sondern Herrschafts- und Kulturzentrum im Füssener Land war. Herrliche Barockräume sind erhalten: Fürstensaal, Bibliothek, Refektorium, Kapitelsaal und Colloquium. Die Ursprungskirche (8. Jh.) der **Barockbasilika St. Mang** entstand über der Zelle des Hl. Magnus, vom romanischen Kirchenbau (1143) stammen noch der mächtige Turm und die Ostkrypta. Die heutige Basilika, die dritte an dieser Stelle, ist ein Barockbau (1701–17) von Johann Jakob Herkomer aus Sameister (westlich von Lechbruck). In der Krypta hat man 1950 Fresken mit den

ausdrucksvollen Köpfen der Missionare Magnus und Gallus (um 980, Reichenauer Schule) frei gelegt. Die **Annakapelle**, die nur über das Museum der Stadt Füssen zugänglich ist, birgt einen der größten Schätze, den von Jakob Hiebeler 1602 auf Holz gemalten »Füssener Totentanz«, den ältesten seiner Art in Bayern.
In den Konventgebäuden hat das **Museum der Stadt Füssen** (Lechhalde 3, Eingang durch den Klosterhof) mit umfangreicher heimatkundlicher Sammlung Einzug gehalten (Ende Mai–Anf. Nov. Di.–So. 11–17 Uhr, MItte Nov.–März Fr.–So. 13–16 Uhr, Führungen ab 10 Personen nach Vereinbarung, Tel. 08362/903146). Zudem präsentiert es eine Spezialsammlung historischer **Zupf- und Streichinstrumente** von Füssener Meistern. Füssen gilt – nachdem hier 1562 die erste Lautenbauerzunft Europas gegründet wurde – als Wiege des europäischen Lautenbaus, lange bevor Cremona, Brescia und Mittenwald zu Ruhm gelangten. Der Brunnen auf dem Brotmarkt weist auf diese Tradition hin. Heute gibt es noch drei Werkstätten, in denen Geigen und Lauten hergestellt werden.

Am Bootshafen in Füssen starten die Ausflugsschiffe zu Rund- oder Linienfahrten über den Forggensee.

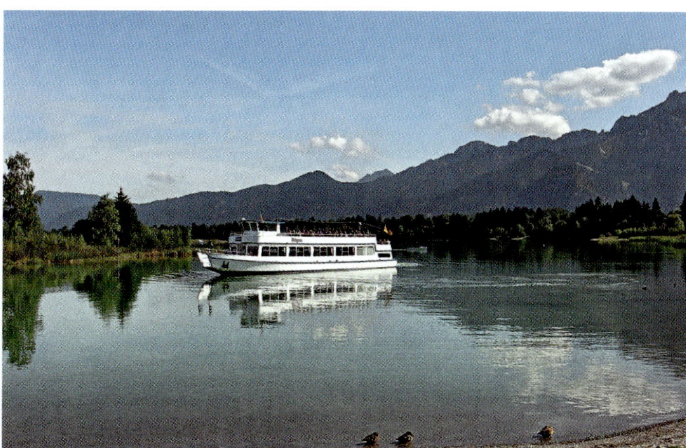

Am Bootshafen in Füssen starten vom 1. Juni bis 15. Oktober die **Forggensee-Schiffe** zu größeren oder kleineren Rundfahrten. Von dem mit 16 Quadratkilometern Fläche fünftgrößten See Bayerns hat man einen herrlichen Blick auf die Allgäuer Bergwelt, auf Füssen und die Königsschlösser. An Bord gibt es kleine Imbisse, Kaffee und Kuchen, Getränke und Eis. Fahrpläne und Preise stehen auch im Internet (Städtische Forggensee-Schifffahrt, Tel. 08362/921363 oder 938522, www.forggensee-schifffahrt.de).

Extra-Tour

Eine reizvolle Seen- und Baderunde führt von **Füssen** über **Bad Faulenbach** Richtung Lechfall, oberhalb jedoch geradeaus auf dem Ländeweg nach Vils, dort über die Vilser Scharte (Fahrweg) zum **Alatsee**. Rechts und am See-Ende mit Gasthof immer Richtung »Bad Faulenbach«, dann rechts ab vom Sträßchen in den Wanderweg und über den Ober- und Mittersee zurück nach Bad Faulenbach und Füssen (ca. 3½–4 Std.).

→ **Lechwegschleifen Nr. 9,** Lechfall Füssen – Bad Faulenbach – Mittersee – Obersee – Alatsee – Weißensee – Unterer Kobelweg – Lechfall, 15 km, 6 Std.

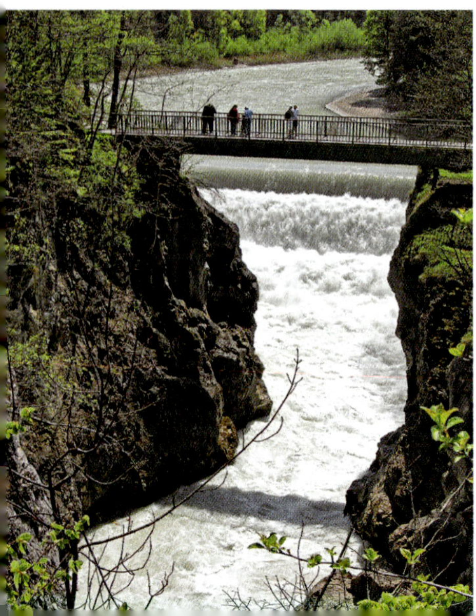

→ **Nr. 8,** Füssen, Lechfall – Walderlebniszentrum – Bergwaldpfad – Alpenrosenweg – Alpsee – Marienbrücke, Schloss Neuschwanstein – Pöllatschlucht – Schloss Hohenschwangau – Berzenkopf – Schwansee – Kalvarienberg – Lechfall, ca. 13 km, 6 Std.

Direkt bei Füssen tost der Lechfall durch eine enge Klamm.

Übernachten

(Orte im Tourverlauf, in der Gegenrichtung von unten zu lesen)
Bei Anruf von Deutschland nach Österreich ist die 0043, von Österreich nach Deutschland die 0049 voraus zu wählen und die in Klammern gesetzte 0 wegzulassen.
Die zuständigen Tourismus-Informationen sind am Anfang des entsprechenden Gebiets (Von/bis) und deren lokale Zweigstellen bei den einzelnen Orten genannt. Sie geben Auskünfte und helfen bei der Suche nach weiteren Übernachtungsmöglichkeiten.
Bei den nachstehenden Häusern handelt es sich um zertifizierte Lechweg-Partnerbetriebe. Diese sind nach Qualitätskriterien geprüft und verfügen über kompetente Ansprechpartner, z. B. zu Gepäcktransport, Wettervorhersage und Begehbarkeit der Wege. Sie halten Kartenmaterial und aktuelle Busfahrpläne, eine kleine Wanderapotheke sowie Wasch- und Trockenmöglichkeit für die Ausrüstung bereit und stellen auf Wunsch Lunchpakete zusammen. Bei größerer Entfernung zum Lechweg bieten verschiedene Gastgeber den Wanderern einen Personen-Hol- und Bringservice für die Kurzstrecke vom/zum Weg, manchmal kostenlos oder gegen Entgelt. Bitte informieren Sie Ihre Gastgeber bereits bei der Buchung, dass Sie den Lechweg wandern und eventuell später in deren Hause ankommen.
Die Preisklassen sind pro Person im Doppelzimmer mit Frühstück und

Das Fünf-Sterne-Haus »Hotel Gasthof Post« in Lech am Arlberg schmückt sich mit reizvoller Fassadenmalerei.

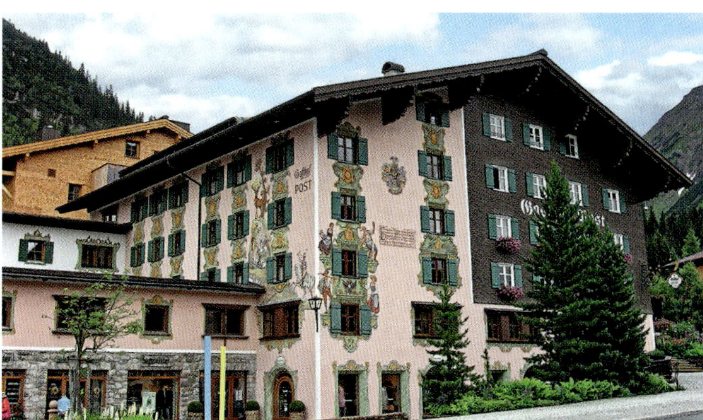

wie folgt zu verstehen: € = bis 40,- €, €€ = 40,- bis 80,- €, €€€ = ab 80,- €. Die ortsübliche Kurtaxe sowie Einzelzimmerzuschläge kommen noch hinzu, Halbpension ist verschiedentlich möglich.
In Deutschland sind Sterne (*) als allgemeine Qualitätszeichen üblich, ebenso in Österreich für Hotels und Gasthöfe. Privatzimmer werden dort jedoch mit Edelweiß (E) und Bauernhöfe mit Margeriten (M) ausgezeichnet. Bei Ferienwohnungen (FW) bezieht sich der Preis auf die Wohnung, unabhängig von der Belegung, ein Frühstück ist hier nicht obligatorisch und eher selten inbegriffen. Ein paar wenige Häuser (preiswert und/oder praktisch gelegen) sind unter Keine L-Partner genannt, die auch Gäste für eine Nacht nehmen, sofern Zimmer frei sind. **Campingplätze** gibt es in Füssen, Reutte, Rieden, Vorderhornbach und in Häselgehr.

A-6764 Lech (Zug)

(Vorwahl 0043/(0)5583)
Lech–Zürs Tourismus GmbH, Dorf 2, A-6764 Lech am Arlberg, Tel. 21610, www.lechzuers.com
Info-Büro Lech, Tel.2 2450

In Zug

- Golf- & Sporthotel Hartenfels****, Zug 490, Tel. 3104, www.hartenfels.at, €€
- Pension Alwin****, Zug 309, Tel. 30930, www.alwin.at, €€
- Pension Furka, Zug 346, Tel. 2711, €
- Gasthof Pension Alphorn***, Zug 449, Tel. 2750, www.alphorn-zug.at, €€

In Lech

- Hotel Gotthard****, Omesberg 119, Tel. 35600, www.gotthard.at, €€€
- Hotel Bergheim***, Omesberg 172, Tel. 2256, www.hotel-bergheim.at, €, FW €€
- Hotel Appartement Roggal****, Omesberg 184, Tel. 2274, www.roggal.com, €€€
- Hotel Austria****, Omesberg 287, Tel. 2382, www.hotelaustria.com, €€€
- Hotel Aurora****, Omesberg 209, Tel. 2354, www.aurora-lech.com, €€€
- Appartements Omeshorn 1593, 4E, Omesberg 3, Tel. 400500, www.omeshorn.at, €, FW €€
- Hotel Lärchenhof***, Omesberg 313, Tel. 2300, www.laerchenhof-lech.at, €€
- Pension Daniel***, Omesberg 397, Tel. 2929, www.pension-daniel.at, €€
- Apartmenthaus Braunarl***, Omesberg 438, Tel. 36640, www.braunarl.com, €€, FW €€
- Hotel Haldenhof****, Tannberg 347, Tel. 24440, www.haldenhof.at, €€
- Hotel Auenhof****, Tannberg 345, Tel. 2541, www.auenhof.com, €€€
- MATS Lech Alpenquartier****, Tannberg 375, Tel. 2313, www.mats-lech.at, €€, FW €€€
- Haus Melitta***, Tannberg 131, Tel. 2313, www.melitta-lech.at, €€
- Hotel Burgwald****, Oberlech 151, Tel. 2310, www.hotelburgwald.com, €€
- Pension Michaela***, Oberlech 341, Tel. 2617, www.pension-michaela.com, €€

- Hotel Gasthof Post*****, Dorf 11, Tel. 2206, www.postlech.com, €€€
- Pension Walserheim***, Dorf 158, Tel. 2996, www.walserheim.at, €€
- Pension Schneider***, Dorf 115, Tel. 2969, www.schneider-lech.at, €€
- Hotel Lech***, Dorf 263, Tel. 22890, www.hotel-lech.eu, €€
- Hotel Garni Lavendel****, Dorf 447, Tel. 2657, www.lavendel.at, €€
- Hotel Kristall***, Anger 284, Tel. 2422, www.lech-kristall.at, €€
- Pension Kilian***, Anger 177, Tel. 2430, www.kilian-lech.at, €€
- Hotel Alpenland****, Anger 198, Tel. 2351, www.alpenland-lech.com, €€
- Hotel-Pension Bianca***, Anger 23, Tel. 2829, www.bianca.at, €€
- Hotel-Pension Alt-Hubertus***, Anger 441, Tel. 2128, www.alt-hubertus.at, €€
- Pension Bürstegg****, Strass 326, Tel. 2453, www.buerstegg-lech.at, €€
- Haus Jehle***, Strass 242, Tel. 2380, www.jehle-lech.at, €€
- Haus Echo***, Strass 389, Tel. 0043/650/8476551, www.echo-lech.at, €€
- Pension Hasenfluh***, Strass 402, Tel. 21129, www.hasenfluh.at, €
- Haus Dr. Muxel, 4 E, Strass 654, Tel. 30977, www.dr-muxel.com, €€€
- Pension Zöggeler, 4 E, Strass 41, Tel. 2138, www.zoeggeler-lech.at, €€
- Pension Widderstein***, Haus Nr. 335, Tel. 2452, www.widderstein-lech.at, €€

Von Warth bis Steeg

(Vorwahl 0043/(0)5583)
Warth-Schröcken Tourismus, A-6767 Warth, Tel. 35150, www.warth-schroecken.com

A-6767 Warth

(Vorwahl 0043/(0)5583)

- Wellnesshotel Warther Hof****, Bregenzerwaldstr. 53, Tel. 3504, www.wartherhof.com, €€€ FW €€

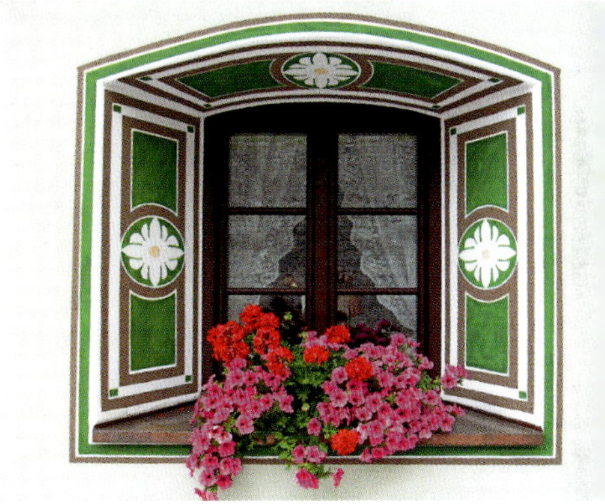

- Sporthotel Steffisalp****, Bregenzerwaldstr. 36, Tel. 3699, www.steffisalp.at, €€€
- Alpin Garni Warth***, Warth 56, Tel. 2716, www.alpinwarth.at, €€
- Haus Anita, Warth 72, Tel. 3605, www.hausanita.net, €€
- Haus Birkenbühl, Warth 38, Tel. 0043/664/1111397 od. 664/5699552, www.birkenbuehl.at, €€
- Appartementhaus Lechblick, Warth 68, 0043/664/8878728, www.lech-blick.at, FW €€

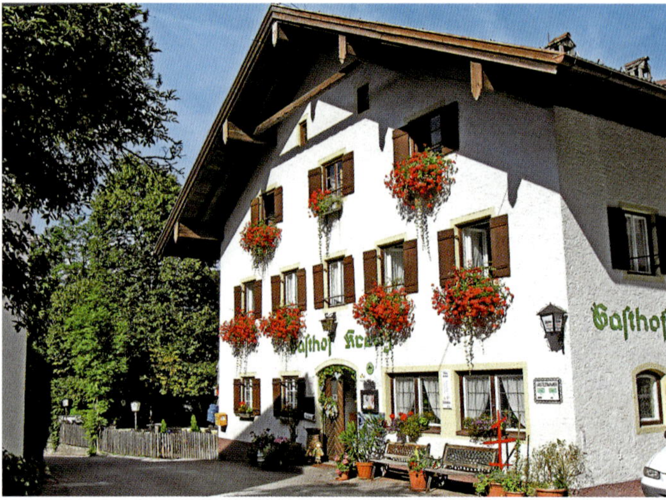

Neben komfortablen Hotels bieten oft auch kleinere Gasthöfe dem Wanderer Essen und Bett, wie hier in Rieden.

- Hotel Walserstube***, Bregenzerwaldstr. 60, Tel. 3557, www.walserstube.at, €€€
- Ski- und Wanderhotel Jägeralpe****, Hochkrumbach 5, Tel. 4250, www.jaegeralpe.at, €€

In Gehren und Lechleiten

- Gehrnerhof, 4 M, Gehren 5, Tel. 3602, www.gehrnerhof.at, €€, FW €€
- Gästehaus Hanni, 4 M, Gehren 1a, Tel. 3651, www.gaestehaushanni.com, €
- Luxury Appartements Bergspitz, Gehren 1, Tel. 3609, www.bergspitz.at, FW €€
- Gasthof Holzgauerhaus***, Lechleiten 7, Tel. 3513, www.holzgauerhaus.at, €€
- Berggasthaus Alpenrose***, Lechleiten 15a, Tel. 3616, www.berggasthaus-alpenrose.at, €€

Von Steeg bis Elbigenalp

Tourismusbüro Lechtal, Untergiblen 23, A-6652 Elbigenalp, Tel. 0043/(0)5634/5315, www.lechtal.at

A-6655 Steeg

(Vorwahl 0043/(0)5633) Info-Büro Steeg, Steeg 30b (im Aqua Nova), Tel. 5308

- Lärchenhof, 4 E, Hinterellenbogen 11a, Tel. 5617, www.laerchenhof-tirol.net, €, FW €€
- Hotel Post Steeg****, Steeg Nr. 17, Tel. 5307, www.poststeeg.at, €€

• Der Stern***, Dickenau 14, Tel. 5644, www.der-stern.at, €€
• Haus Lechblick, 3 E, Haus Nr. 10, Tel. 5762, www.hauslechblick.at, €, FW €€
• Edelweißhaus Kaisers***, Kaisers 4, Tel. 51158, www.dav-edelweisshaus.de, €
• Styrolerhof***, Walchen 46, Tel. 20088, www.styrolerhof.at, €€
• Familie Pfefferkorn, 3 E, Hägerau 34a, Tel. 20065, www.fidel.at, €, FW €€

A-6654 Holzgau
(Vorwahl 0043/(0)5633)
Info-Büro Haus Nr. 45, Tel. 5356
• Hotel Neue Post***/****, Holzgau 47, Tel. 5204, www.hotel-neuepost.eu, €€, FW €€
• Ferienschlössl Harmonie****, Holzgau 38, Tel. 20099, www.harmonie-lechtal.at, €, FW €€
• Hotel Ober-Lechtalerhof****, Holzgau 40, Tel. 5688, www.oberlechtalerhof.com, €€
• Gasthof Bären***, Holzgau 56, Tel. 5217, www.holzgau.net, €€
• Landhaus Marion***, Holzgau 41, Tel. 5293, www.landhaus-marion.at, €, FW €€
• Wohlfühlhotel Berg Heil***, Lechtaler Str. 114, Tel. 5215, www.bergheil.com, €€
• Hotel Winklerhof***, Winkl 122, Tel. 5483, www.winklerhof.at, €€
• Pension Alpenperle***, Holzgau 120, Tel. 5383, www.alpenperle-holzgau.com, €€, FW €€
• Haus Edelweiß**, Holzgau 104b, Tel. 20053, www.haus-edelweiss-lechtal.at, €, FW €€

A-6653 Bach
(Vorwahl 0043/(0)5634)
Info-Büro Bach 90, Tel. 6355
• Hotel Post****, Oberbach 44, Tel. 6345, www.hotelpost-bach.at, €€
• Wanderhotel Grüner Baum***, Am Dorfplatz 43, Tel. 6343, www.gruenerbaum.at, €€
• Hotel Alpenblick***, Unterbach 10, Tel. 6366, www.alpenblick-bach.at, €
• Berggasthof Klapf***, Klapf 81, Tel. 6349, www.gasthof-klapf.at, €

Von Elbigenalp bis Weißenbach

Tourismusbüro Lechtal, Untergiblen 23, A-6652 Elbigenalp, Tel. 0043/(0)5634/5315, www.lechtal.at

A-6652 Elbigenalp
(Vorwahl 0043/(0)5634)
Info-Büro Hauptstr. 55 b, Tel. 5315
• Hotel Alpenrose****, Untergiblen 21, Tel. 6651, www.alpenrose.net, €€€
• Hotel Panorama***, Untergiblen 26, Tel. 6275, www.alpenparadies.at, €€
• Hotel-Gasthof Stern****, Dorf 7, Tel. 6202, www.hotel-stern.at, €€
• Haus Walch, 3 E, Dorf 12, Tel. 0043/664/73721334, www.haus-walch.at, €, FW €€
Keine L-Partner
• Hotel Gasthof Post, Dorf 41 b, Tel. 6205, www.hotel-post.biz, €
• Gästehaus Bergland, Dorf 80, Tel. 6697, www.bergland-lechtal.at, €

A-6651 Häselgehr
(Vorwahl 0043/(0)5634)
• Alpenhotel Gasthof Lechtaler***, Haus Nr. 92, Tel. 6336, www.alpenhotel-lechtaler.at, €

A-6644 Elmen
(Vorwahl 0043/5635)
• Landgasthof Kaiserkrone**, Haus Nr. 45, Tel. 210, www.gasthof-kaiserkrone.at, €€
• LechZeit, Klimm 1a, Tel. 20900, www.lechZeit.com, €€
Kein L-Partner
• Pension Elmerhof, Haus Nr. 5, Tel. 229, www.elmerhof.at, €

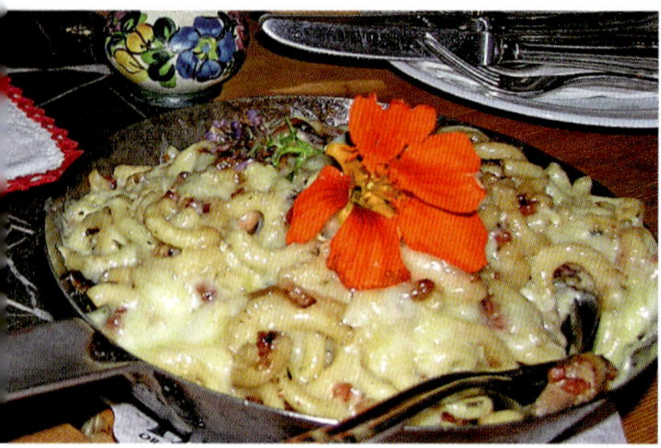

A-6645 Vorderhornbach
(Vorwahl 0043/(0)5632)
Info-Büro Haus Nr. 60, Tel. 3014
• Bauernhof/Haus Schreiber, 2 E, Haus Nr. 21, Tel. 311, www.bauernhof-schreiber.at, €
Kein L-Partner
• Gasthof Rose**, Haus Nr. 39, Tel. 212, www.gasthof-rose.biz, €,

A-6642 Stanzach
(Vorwahl 0043/(0)5632)
Info-Büro Haus Nr. 6, Tel. 6605
Hotel Föhrenhof***, Haus Nr. 114, Tel. 371, www.hotel-foehrenhof.at, €€
• Hotel garni Waldhof***, Haus Nr. 100, Tel. 6601, www.waldhof-lechtal.at, €€

Von Weißenbach bis Pinswang

Tourismusverband Naturparkregion Reutte, Untermarkt 34, A-6600 Reutte, Tel. 0043/(0)5672/62336, www.reutte.com

A-6671 Weißenbach
(Vorwahl 0043/(0)5678)
Info-Büro Kirchplatz 3, Tel. 5303
• Hotel Goldenes Lamm***, Oberbach 14, Tel. 5216, www.goldenes-lamm.at, €
• Naturparkhotel Florence***, Schäfflershof 4, Tel. 5277, www.hotel-florence.at, €€, FW €€€

A-6671 Rieden
(Vorwahl 0043/(0)5678)
Kein L-Partner
• Gasthof Kreuz, Haus Nr. 4, Tel. 5202, www.gasthof-kreuz-tirol.at, €

Variante Burgenwelt Ehrenberg

A-6600 Reutte
(Vorwahl 0043/(0)5672)
Info-Büro Klause 1, Tel. 6233630
• Landgasthof Klause**, Klause 2, Tel. 62213, www.gasthof-klause.com, €€, FW €€€
Weitere zur Variante siehe Ehenbichl

A-6600 Ehenbichl
(Vorwahl 0043/(0)5672)Hotel Maximilian***, Reuttener Str. 1, Tel. 62585, www.hotel-maximilian.at, €€

• Gintherhof, 4 M, Unterried 7, Tel. 67697, www.gintherhof.com, €, FW €€

A-6604 Höfen

(Vorwahl 0043/(0)5672)
Info-Büro Hauptstr. 24, Tel. 64937

• Landgasthof Lilie***, Alte Bundesstraße 19, Tel. 63211, www.gasthof-lilie.at, €€

• Feriendorf am Hahnenkamm***, Bergbahnstr. 14, Tel. 21014, www.feriendorf-hahnenkamm.at, FW €€€

A-6610 Wängle

(Vorwahl 0043/(0)5672)
Info-Büro Oberdorf 4, Tel. 63601

• Hotel Talhof****, Holz 8, Tel. 62280, www.talhof.com, €€

• Naturhotel LechLife****, Holz 1a, Tel. 64234, www.lechlife, €€

• Hotel Gasthof Kröll***, Dorfstr. 24, Tel. 62377, www.gasthof-kroell.info, €€

• Alpenhof, 4 E, Dorfstr. 11, Tel. 0043/676/6264955, €, FW €

A-6600 Lechaschau

(Vorwahl 0043/(0)5672)
Info-Büro Dorfstr. 10, Tel. 63388

• Der Tannenhof***, Hinterbichl 12, Tel. 63802, www.tannenhof.cc, €€

• Hotel Goldene Rose***, Dorfstr. 2, Tel. 62411, www.hotel-goldene-rose.at, €€

• Romantik Krone***, Wängler Str. 6, Tel. 62354, www.romantik-krone.at, €€

A-6600 Reutte

(Vorwahl 0043/(0)5672)
Tourismusverband, Untermarkt 34, Tel. 62336, www.reutte.com

• Hotel zum Mohren****, Untermarkt 26, Tel. 62345, www.hotel-mohren.at, €€
Keine L-Partner

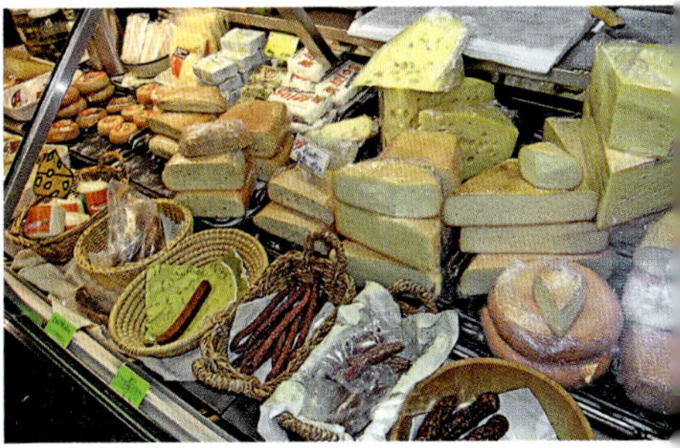

• Hotel Goldener Hirsch, Mühler Str. 1, Tel. 62508, www.goldener-hirsch.at, €€

• Hotel Das Beck***, Untermarkt 11, Tel. 62522, www.hotel-das-beck.at, €€

A-6600 Pflach

(Vorwahl 0043/(0)5672)

• Hotel-Gasthof zum Schwanen***, Füssener Str. 2, Tel. 62014, www.gasthof-schwanen.com, €€

A-6600 Pinswang

(Vorwahl 0043/(0)5677)

• Gutshof zum Schluxen***, Unterpinswang 24, Tel. 53217, www.schluxen.at, €€
Kein L-Partner

• Hotel Garni Säuling, Oberpinswang 10, Tel. 8698, www.gasthof-saeuling.com, €€

D-87629 Füssen

(Vorwahl 0049/(0)8362)
Füssen Tourismus und Marketing, Kaiser-Maximilian-Platz 1, Tel.: 93850, www.fuessen.de

- Hotel Sommer****, Weidachstr. 74, Tel. 91470, www.hotel-sommer.de, €€€
- Hotel Schlosskrone****, Prinzregentenplatz 2–4, Tel. 930180, www.schlosskrone.de, €€
- Altstadthotel Zum Hechten***, Ritterstr. 6, Tel. 91600, www.hotel-hechten.com, €€

Im Ortsteil **Bad Faulenbach**

- Vitalhotel Wiedemann***, Am Anger 3, Tel. 91300, www.hotel-wiedemann.de, €€, FW €€€
- Aktiv-Hotel Schweiger***, Ländeweg 2, Tel. 91400, www.aktiv-schweiger.de, €€
- Hotel Jakob garni***, Schwärze-weg 6, Tel. 91320, www.kurhotel-jakob.de, €€, FW €€€
- Ruchti's Hotel & Restaurant, Alatseestr. 38, Tel. 91010, www.hotel-ruchti.de, €€
- Gästehaus Sankt Ulrich***, Alatseestr. 1, Tel. 9000, www.gaestehaus-sankt-ulrich.de, €€

Hotel Frühlingsgarten, Alatseestr. 8, Tel. 91730, www.hotel-fruehlingsgarten.de, €€

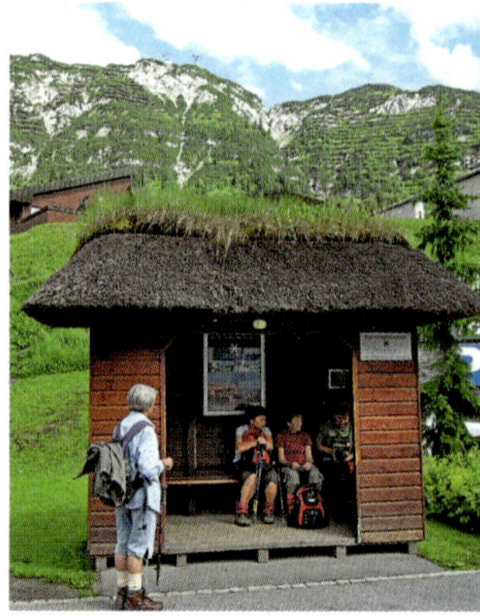

Bushaltestelle mit Schilf- und Grasdach in Lech.

In **Füssen**, keine L-Partner

- Hotel & Restaurant Ludwigs, Reichenstr. 17, Tel. 9251795, www.hotel-ludwigs.de, €€
- Motel Füssen im Allgäu, Kemptener Str. 31, (beim P2, Eisstadion), Tel. 5059962, www.motel-fuessen-im-allgaeu.com, €€
-

Anreise

Flugzeug Mit dem Flieger nach Memmingen, Friedrichshafen, München oder Innsbruck. Weiter nach Lech oder Füssen mit dem Lechweg-Shuttle der Firma Feuerstein GmbH, A-Steeg, Tel. 0043/(0)56 33 56 33, www.feuerstein-bus.at.
Ferner gibt es eine gute Zugverbindung vom Münchner Flughafen nach Füssen. Von dort mit dem Linienbus nach Lech am Arlberg fahren (umsteigen in Reutte), jedoch erst mit der Umstellung auf den jeweiligen Sommerfahrplan (gegen Ende Juni bis Anfang Okt.).

Bahn Mit dem Zug nach Füssen oder nach Langen am Arlberg. Infos unter: Deutsche Bahn, Tel. 00 49 / (0) 180 6 / 99 66 33, www.bahn.de, Österreichische Bundesbahn, Tel. 00 43 / 5 17 17, www.oebb.at.
Aus dem Raum München auch mit der Bayerischen Regionalbahn nach Reutte oder Füssen u. von Augsburg nach Füssen, Tel. 0049/ (0)821/47877877, www.brb.de.
Zwischen Garmisch-Partenkirchen und Kempten verkehrt über Reutte die Außerfernbahn, Ticketkauf nicht an jeder Haltestelle möglich, am besten online bestellen. Auskünfte und Fahrplan wie oben.

Bus Von Reutte oder Lech fahren regelmäßig der Postbus, auftragsweise auch der Feuerstein-Bus im Linienverkehr (Buslinie 110) durchs Lechtal.
Wer mit dem Zug nach Füssen anreist und am Formarinsee beginnt, fährt mit dem Bus Linie 100 oder 74 nach Reutte Hauptbahnhof, dort am Busterminal umsteigen in die Buslinie 110. Die Fahrzeit von Füssen nach Lech beträgt knapp 3 Stunden. Von Füssen auch Bus-Shuttle (Feuerstein oder STM Service Elbigenalp, Tel. 0043/(0)676/79054, www.stm-service.at, weitere Shuttle auf www.lechweg.com) direkt nach Lech möglich. ÖBB-Postbus Reutte, www.postbus.at, Service-Tel. 00 43 / (0)5 12 / 39 03 90, kompletter Fahrplan zum Download unter Verkehrsverbund Tirol (VVT), 0043/(0)512/561616, www.vvt.at oder www.lechtal.at; für OVG-Bus Tel. 00 49 /0)83 62 / 9 39 05 05, www.rvo-bus.de.
Von Lech mit dem Ortsbus Linie 7 von der Haltestelle »Rüfiplatz« zum Formarinsee, Fahrzeit etwa 40 Minuten. Fahrplan unter: www.lechzuers.com >Service oder-Tel. 00 43 / 55 83 / 41 00. Alle Fahrpläne zum Lechweg und weitere Informationen finden Sie auch unter www.lechweg.com unter Service. Auskunft geben ebenso die Tourismusbüros. Wichtig: Bei der Planung bitte beachten, dass die Straße zwischen Warth und Lech je nach Schneelage oft bis in den Mai oder Juni **Wintersperre** hat und auf diesem Teilstück der Linienbus erst mit dem Saisonbeginn in Lech in der zweiten Junihälfte fährt. Ebenso ist dann der Ortsbus zum

Formarinsee noch nicht im Einsatz. Auskunft über Lech-Zürs Tourismus (Kontakt siehe Kapitel Übernachten). Neuerdings kann man ab dem Ende der Sommersaison Anfang Oktober bis gegen Ende Oktober bei noch guten Wanderbedingungen mit dem Shuttle-Dienst »Lechtaxi Buxbaum« weiterhin zum Formarinsee gelan-

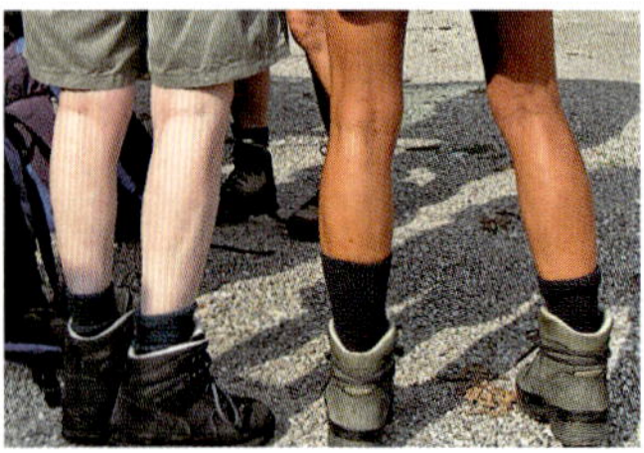

gen. Start ist täglich um 9 Uhr beim Postamt in Lech am Arlberg. Der Fahrpreis wird auf die Anzahl der Fahrgäste umgelegt, Preise und Informationen unter Tel. 0043/(0)6504400752, www.lechtaxi.at oder ebenfalls über Lech-Zürs-Tourismus. Ferner ist die Auffahrt mit dem Taxi »Der Lecher« möglich, Tel. 0043/(0)5583 2501, www.taxi-lech.at.
Busverbindungen in die **Seitentäler** des Lechtals sind unter Lechtal Tourismus, Tel. 0043/(0)5634 5315 zu erfragen, etwa ab Mai stehen die Fahrpläne auch im Internet unter www.lechtal.at

Auto Von Norden über die A 7 (von Memmingen, Kempten) nach Füssen, die A 96 (von Augsburg, München) und weiter über die B 12 (Kaufbeuren) und B 16 (Marktoberdorf) oder (von Landsberg) auf der B 17 nach Füssen. Bei Beginn in Lech am Arlberg durch den Grenztunnel (A 7) direkt nach Reutte (keine Vignette nötig), Abfahrt Reutte-Süd, ins Zentrum und am Kreisel vor dem »Goldenen Hirsch« Richtung »Lechtal«, dann durchs Tal nach Steeg und nach Lech. Von München kann man auch auf der A 95 über Garmisch-Partenkirchen und Ehrwald nach Reutte und von dort ins Lechtal gelangen.
Von Lindau über Bregenz und durch den Bregenzerwald (L 200) nach Schröcken, über den Hochtannbergpass nach Warth und dort nach Lech. Von Innsbruck (A 12) über Landeck und St. Anton a. Arlberg nach Lech. Von Lech mit dem Ortsbus zum Formarinsee. **Wintersperre** beachten (siehe jeweils unter Bus).

Parken In Lech: Anger Tiefgarage unter dem Kirchenhügel (5,– € pro Ein/Ausfahrt), sowie der Schlosskopfparkplatz; beide im Zentrum nahe des Lechwegs und der Bushaltestellen. Parkgarage Mühle in Omesberg 9, 2017 geschlossen.
In Füssen: P 2 beim Eissportzentrum – BLZ Arena (Einfahrt gegenüber der Tankstelle) an der Kemptener Straße. Am besten zu Fuß entweder zum Bus am Bahnhof oder bei Wahl der Gegenrichtung zum Lechfall, Wegbeschreibung bei den Tourabschnitten. Die Parkgarage City Sparkassenhaus P 5 im Zentrum, Kaiser-Maximilian-Platz 3, (7 Tage 40,– €, 10 Tage 50 €). Tickets am

Schalter Mo.–So. durchgehend oder im Internet www.apcoa.de, Tel.(0049)/(0)711/30570305. Wochenticket sofort nach Einfahrt am Schalter kaufen. In den Lechtal-Orten öffentliche Parkplätze.

Wandern ohne Gepäck Zum leichten Wanderweg der leichte Rucksack! Den Gepäcktransport (maximal 20 kg und 30×46×78 cm Größe, 10,– € pro Gepäckstück und Etappe) übernimmt die Firma Feuerstein (siehe unter Anreise/Flugzeug). Man kann bereits vorab für den ganzen Weg oder bis 2 Tage vor dem Transport buchen, bei kurzfristigem Entschluss 2,– € Zuschlag. Transportschilder erhalten Sie dann bei den im Gastgeberverzeichnis genannten Lechweg-Partnerbetrieben, die Ihnen auch organisatorisch weiterhelfen, ebenso falls ein Transport durch den-Feuerstein-Service nicht möglich sein sollte. In Lech und Warth muss das Gepäck spätestens um 8.30 Uhr, ab Steeg um 9 Uhr bereit stehen, bis 16 Uhr ist es dann in der nächsten Unterkunft. Gepäcktransport für die Gegenrichtung auf Anfrage.

Hunde Ein Problem dürfte die Hängebrücke bei Holzgau sein. Leicht schwankend und mit 100 Metern Luft unter den Pfoten wird kaum ein Hund über das offene, durchsichtige Gitter gehen wollen, sicherheitshalber den Weg über den Simms-Wasserfall wählen und die Brücke von der anderen Seite her besuchen. Die Gittersteige am Alpsee sind nur kurz und nicht hoch, wenn nichts geht, den Weg rechts um den See nehmen. Das Wasser der Gebirgsbäche und des Lechs ist sauber und in der Regel für Tiere trinkbar, meist jedoch sehr bis eiskalt, was auch nicht jeder Hundemagen verträgt; ebenso ist zur Zeit der Schneeschmelze oder bei Gewittern bzw. Hochwasser der Sedimenteintrag recht hoch, was sich an der Gipsfarbe des Wassers ablesen lässt. Sonst liegt für die Vierbeiner die Schwierigkeit eigentlich nur in der Beanspruchung der Pfoten, da diese auf den rauen Bergsteigen wesentlich stärker ist als auf normalen Feld- oder Parkwegen. Wenn der Hund nicht gewohnt ist, täglich 8 bis 10 km auf Naturwegen zu laufen, ist die Hornhaut spätestens am dritten Tag ab und die Pfoten bluten. Dann ist Schluss mit dem Lechweg. Planen Sie auch bei gut trainierten Hunden höchstens die Hälfte der angegebenen Etappenund fügen Sie Ruhetage mit nur kurzen Gassi-Gängen ein. Hinterlassenschaften in den Wiesen gelangen übers Viehfutter in die menschliche Nahrungskette. Aufnahme-Tüten sollten daher selbstverständlich sein, ebenso dass diese nicht am Wegrand abgelegt, sondern an vorgesehener Stelle entsorgt werden. Klären Sie auch vorher mit den Vermietern, ob Hunde in deren Haus erlaubt sind. In den öffentlichen Verkehrsmitteln besteht Leinen- und Maulkorbpflicht. Europäischen Heimtierausweis (Impfpass) mitführen. Tierärzte gibt es in Häselgehr, Reutte und Füssen.

Wichtiges zum Schluss

Notruf Internationale Notruf-Nummer 112, Notfall-Rettung in Österreich 144, Polizei in Österreich 133, in Deutschland 110.

Telefon Die internationalen Vorwahlen sind 0043 für Österreich, 0049 für Deutschland, die anschließende 0 wird weggelassen.

Apotheken In Füssen: Bahnhofstraße 12, Welfenstr. 1, Reichenstr. 12 und Reichenstr. 38. In Reutte: Untermarkt 1 und Südtiroler Str. 1. Im Lechtal: in den Orten Lech, Warth, Holzgau und Elbigenalp Hausapotheken der Ärzte.

Ärzte In Lech, Warth, Holzgau, Elbigenalp, Weißenbach, Reutte, Füssen. Zahnärzte in Elbigenalp, Reutte und Füssen.

Einkaufen Lebensmittel gibt es in Lech, Warth, Steeg, Holzgau, Bach, Elbigenalp, Elmen, Stanzach, Weißenbach, Höfen, Reutte und Füssen.

Gästekarten Wer zwischendurch den Bus benützen oder den Lechweg von einem Standquartier aus erkunden bzw. an dem ein oder anderen Ort auch mal eine Pause einlegen möchte, kann bei den meisten Gastgebern die nachstehenden Karten erhalten. Sie bieten neben der kostenlosen Busbenutzung viele weitere Vergünstigungen, z. B. bei Bergbahnen, Bädern oder Museen. Eine einheitliche Gästekarte für den gesamten Lechweg gibt es nicht. Infos erhalten Sie bei den Tourismusbüros und Tourist-Informationen.
Die **Lech-Card/Warth-Card** gilt von Ende Juni bis Anfang Oktober für das Gebiet Lech, Warth und Umgebung und ist bereits ab einer Nächtigung – auch bei den Tourismusbüros – erhältlich.
Die **Lechtal Aktiv Card** gibt es ab dem zweiten Tag des Aufenthalts von Mitte Mai bis Mitte Oktober für das gesamte Lechtal und die Naturparkregion Reutte. Sie ist bei den meisten Gastgebern erhältlich und im Preis inkludiert. Ferner gibt es in der Naturparkregion Reutte noch eine **Aktiv Card** mit zahlreichen weiteren Vergünstigungen.
Die **FüssenCard** und **KönigsCard** gelten ab der ersten Nacht im Großraum Füssen, auch für die Buslinie Füssen – Reutte. Inbegriffen und kostenlos sind ferner die Bahnstrecken Füssen – Kaufbeuren und Pfronten – Kempten, sowie Busse des ÖPNV im nahen und weiteren Umkreis von Füssen.

Karten Für den Lechweg gibt es ein eigenes Karten-Leporello 1:25.000 von Publicpress zum Preis von 11,99 €, erhältlich bei den Tourismus-Informationsstellen. Als zusätzliche Wanderkarten und zur besseren Gebietsübersicht eignen sich folgende Kompass-Karten 1:50.000: Nr. 4: Füssen – Außerfern. Nr. 24:

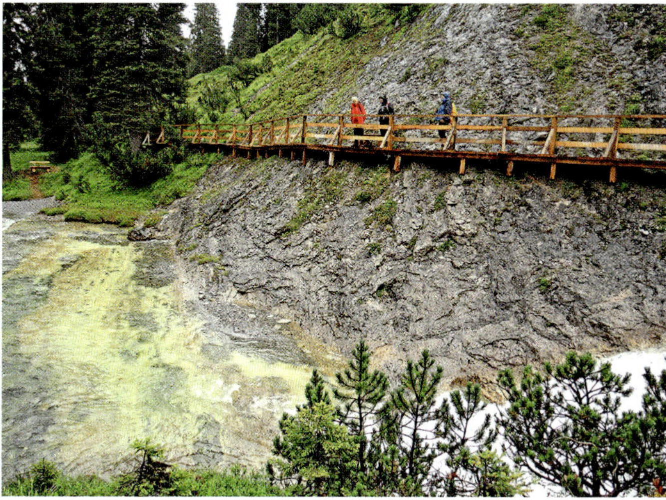

An der Mündung des Spullerbachs beginnt offiziell der Lech, mit der richtigen Kleidung selbst bei Regen ein Erlebnis.

Lechtaler Alpen – Hornbachkette.
Nr. 33: Arlberg – Nördliche Verwallgruppe. Allerdings wird der Lechweg erst in neuen Kartenauflagen eingezeichnet sein.

Ausrüstung Wichtig sind ein guter Trekkingschuh mit Profilsohle sowie ein Trekking-Rucksack mit Regenhülle, auch Wanderstöcke können angenehm sein.
Ferner neben Dingen des persönlichen Bedarfs:
Ausweis, Smartphone, Rucksackapotheke, Sonnen- und Wetterschutz, Hausschuhe, Ersatzsocken, lange Hose und Pullover, da es je nach Wetter auch im Sommer kühl bis kalt werden kann.
(Not-)Verpflegung und Energiespender (Müsliriegel, Schokolade) für unterwegs, vor allem ausreichend Getränke, falls kein Gasthaus in der Nähe ist oder dieses Ruhetag bzw. Betriebsurlaub hat.

Wetter Der Lechweg verläuft in Höhen zwischen 800 und 1800 Metern, entsprechend kalt kann es an Regentagen oder bei einem Witterungsumschwung werden, manchmal auch zu einem regelrechten Temperatursturz kommen, so dass man sich für Regenstunden oder -tage (am Weg Schutzunterstände) ein Alternativprogramm zurecht legen sollte. Bei wechselhafter Wetterlage am besten stets die Voraussagen im Auge behalten. Nützlich ist das Alpenwetter (Vorarlberg und Tirol) aus Innsbruck unter www.alpenverein.de, ebenso unter www.alpenverein.at, oder fragen Sie Ihre Gastgeber.

Vor allem muss man in den Bergen mit plötzlich heraufziehenden Gewittern und Sturm rechnen. Bei solcher Wettervorhersage besser keine Etappe beginnen oder sie kürzer gestalten und den Bus nehmen.

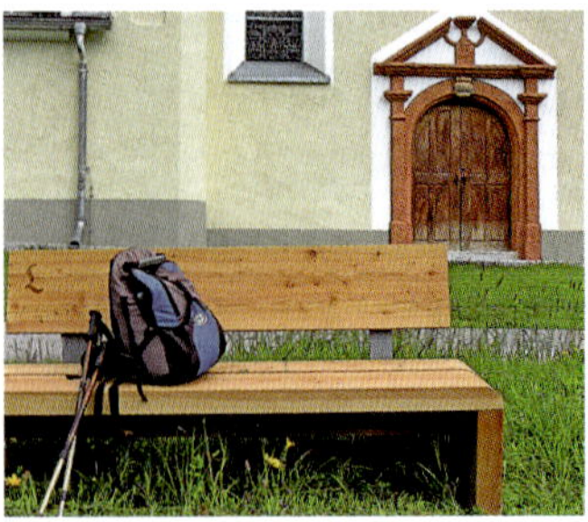

Gewitterregeln Kommt man unvermeidbar in solch ein Unwetter, heißt es, die wichtigsten Regeln im Kopf zu haben:

- Schnell runter von allen erhabenen oder ausgesetzten Stellen (freier Buckel, Joch oder Brücke) sowie weg von See- und Flussufern und allgemein von Wasser oder nassen Rinnen fern halten.
- Weg von allem Metall (Drahtseile, Skilifte, Seilbahnen, Stromleitungen, Elektrozäune).
- Weiter weg auch mit allem Metall, das Sie bei sich tragen (Stöcke). Halsketten, Uhr, Fotoapparat und Smartphone in der Mitte des Rucksacks verstauen.
- Bäume gleich welcher Art und besonders einzeln stehende sind kein Blitzschutz – im Gegenteil!
- Im Wald keine Lichtung wählen, sondern eher schütteren Bewuchs mit niedrigen Bäumen aufsuchen.
- Ist kein Unterschlupf vorhanden, in eine trockene Mulde hocken. Mehrere Personen sollten sich im Gelände verteilen, um Querblitze und Bodenströme zu vermeiden.
- Ist das Gewitter da, heißt es aussitzen und keine Bewegung mehr! Mit fest geschlossenen Beinen eine Kauerstellung einnehmen und den Boden mit der kleinstmöglichen Körperfläche berühren. Eventuell auf eine isolierende Unterlage (Rucksack, Isomatte) setzen und dann – gute Nerven!

Hinweise Bei Nässe besteht auf Bohlenstufen, eisernen Wegrinnen, Wurzeln, Steinen oder erdigen Steigen erhöhte Rutschgefahr.

Die Querungen der Hauptstraßen erfordern Vorsicht und Aufmerksamkeit vor allem beim gefährlichen Übergang vor Weißenbach auf der 6. Etappe. Hier gilt Tempo 100 km/h. Bitte gehen Sie nur hinüber, wenn eine ausreichend große Lücke zu erkennen ist. Auf Überholvorgänge und Motorräder achten! Die Variante über die alte Johannesbrücke vermeidet diese Straßenquerung.

- Ferner wird – da Zecken inzwischen auch in Bergregionen vorhanden sind – besonders auf die Gefahr von Krankheiten in Folge von Zeckenbissen hingewiesen, auf Vor- und Nachsorge ist zu achten!

Register

Die Autorin

Christel Blankenstein war über 10 Jahre als Reise- und Freizeitjournalistin für einen privaten Radiosender in Augsburg tätig, heute arbeitet sie als freie Autorin. Am liebsten ist sie in der Natur unterwegs und bringt ihre langjährige Erfahrung als Buchautorin ein. Bislang sind über 20 Bücher erschienen.

Bei Recherche und Ausarbeitung der Touren haben Autorin und Verlag größte Sorgfalt walten lassen, trotzdem bleiben die Angaben ohne Gewähr, da Änderungen nicht auszuschließen sind. Beim Nachgehen der Etappen ist jeder in eigener Verantwortung und auf eigene Gefahr unterwegs und selbst für seine Sicherheit zuständig; eine Haftung für eventuelle Unfälle und Schäden jeglicher Art können weder Autorin noch Verlag übernehmen.

Auf jeden Fall freuen wir uns über Korrekturen, Anregungen und Verbesserungen zu diesem Buch. Bitte senden Sie diese an den Verlag Berg & Tal, Hirschgartenallee 48, 80639 München, E-mail: info@bergundtal-verlag.de

Danke möchte die Autorin all denjenigen sagen, die sie bei der Entstehung dieses Buches mit Rat und Tat und viel Freundlichkeit unterstützt haben, allen voran Mag. Mag. Günter Salchner, Regionalmanager Bezirk Reutte, und Juliane Rohde, Füssen Tourismus und Marketing, Projektmanagerin Lechweg; ferner Mag. Anette Kestler, Naturpark Tiroler Lech, sowie den Damen und Herren folgender Tourismus-Informationen: Füssen Tourismus und Marketing, Tourismusverband Naturparkregion Reutte, Tourismusverband Lechtal, Warth-Schröcken Tourismus, Lech Zürs Tourismus, sowie den Fotografen laut Bildnachweis.

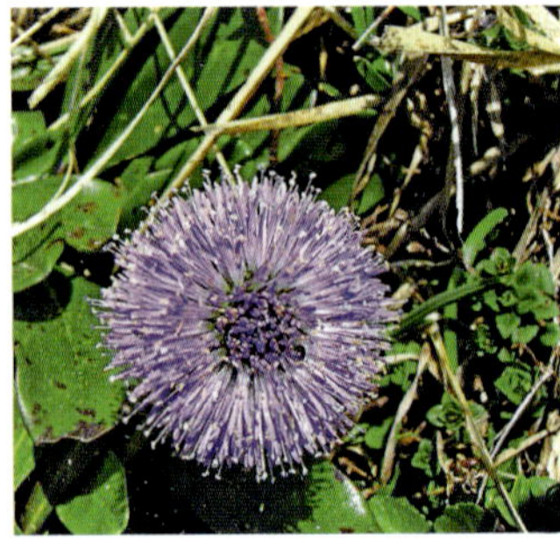

Bildnachweis Alle Fotos von Christel Blankenstein, außer Seite 2 (Charly Winkler, Lechaschau), S. 9 u. 91 (Toni Selb, Stanzach), S. 15 (Anton Vorauer), S. 40 (Joachim Dempe, Neuravensburg).
Titel groß: Der junge Lech.
Titel klein: Lechweg-Markierung.
Klappe vorn: Lech bei Elmen.
Umschlagrückseite: Lechfall bei Füssen.

Impressum

Heinrich Bauregger, München
6., überarbeitete Auflage 2021

Gestaltung, Typografie, Realisierung: Catherine Avak, Iphofen
Gesetzt aus: Corpid von Luc(as) de Groot
Covergestaltung: Christian Weiß, München
Kartographie: Eckehard Radehose, Schliersee
Lithographie: Helio Repro, München
Druck/Bindung: grafik und druck GmbH – Peter Pöllinger, München

Printed and bound in Germany
ISBN 978-3-939499-57-2